99x NEW YORK

wie Sie es noch nicht kennen

Handverlesen von
Claudia Hellmann

BRUCKMANN

Inhalt

Uptown Manhattan

Außenbezirke

Vorwort

Wer New York kennt, weiß auch, dass er New York nicht kennt. Denn die Stadt, die niemals schläft, erfindet sich jeden Tag ein bisschen neu. Und so gibt es unzählige Ecken und Orte, die selbst die meisten der rund acht Millionen Einwohner überraschen würden. Im Schatten der berühmten Superlative gedeihen viele Kleinode, die leicht zu übersehen sind. Man kann daher auf dem Weg zu ungewöhnlichen und weniger bekannten Ecken ein New York voller Überraschungen und unerwarteter Orte entdecken. Wie wäre es zum Beispiel mit einem Loft in SoHo, das seit den 1970er-Jahren mit nichts anderem als 200 Kubikmetern Erde gefüllt ist? Oder mit einer schäbigen Flüsterkneipe, die sich in einem Luxushotel verbirgt und dort die vielleicht besten Burger der Stadt serviert? Oder mit Stücken der Berliner Mauer, die in einem Bürogebäude in Midtown ein Zuhause gefunden haben?

Manchmal braucht es nur einen Wechsel der Perspektive, etwa den Blick auf Manhattan von einem Kajak aus oder vom Rücken eines uralten Karussellpferds am Fuß der Brooklyn Bridge. Denn auch jenseits von Manhattan erwarten Sie viele einzigartige Orte: Coney Island mit seinem verblichenen Charme etwa, der Green-Wood Cemetery, ein herrlicher Parkfriedhof und letzte Ruhestätte vieler Prominenter, oder auch ein Spezialgeschäft für alles, was Superhelden so brauchen. All das zusammen macht den Reiz dieser Metropole aus, die schon immer Menschen mit dem Mut zum Ungewöhnlichen angezogen hat.

Also: Tauchen Sie ein in die wunderbarste Stadt der Welt, und entdecken Sie New York, wie Sie es noch nicht kennen.

Enjoy!
Ihre Claudia Hellmann

01 Umsteigen aufs Schiff

Als Metropole am Meer mit mehr als 900 Küstenkilometern ist New York geradezu prädestiniert für ein öffentliches Nahverkehrssystem auf dem Wasser. Doch erst im Mai 2017 hat die Stadt ein richtiges Fährennetzwerk auf dem East River bekommen, das nun stetig ausgebaut wird.

Lange Zeit war nur der Stadtteil Staten Island per Fähre mit Manhattan verbunden. Die großen gelben Schiffe schipperten tagtäglich Pendler und Touristen durch den New York Harbor – rund 23 Millionen Passagiere jedes Jahr. Die Fahrt ist kostenlos, der Blick auf Freiheitsstatue und die Südspitze von Manhattan atemberaubend. Nicht zu vergleichen mit den behäbigen Riesen der Staten Island Ferry sind dagegen die schnittigen, schnellen Boote des neuen Fährennetzwerks auf dem East River, »NYC Ferry«. Sie sehen aus wie große Motorjachten und sind für gerade mal 150 Passagiere gemacht (zum Vergleich: Auf den Pendlerfähren nach Staten Island haben bis zu 6000 Menschen Platz). Drinnen können die Smartphones geladen werden, während man das vorbeiziehende Panorama durch große Fenster bewundert oder, besser noch, sich oben auf Deck den Wind durch die Haare wehen lässt. Nachdem die Straßen und U-Bahnen von New York chronisch überlastet sind, bieten die Fähren eine wunderbare Alternative. Moderne Kioskstände verkaufen neben Snacks auch Ladekabel, Sonnencreme und Strandutensilien. Selbst Bier und Wein dürfen an Bord ausgeschenkt werden. Und das alles für den Preis einer U-Bahn-Fahrt: Für nur 2,75 Dollar kommt man auf dem Wasserweg nicht nur den East River hinauf, etwa nach DUMBO in Brooklyn oder Astoria in Queens, sondern bis an den Strand nach Rockaway – die längste Tour und ein perfekter Sommerausflug. Überraschend weit hinaus aufs offene Meer geht die etwa 45-minütige Fahrt, an Bay Ridge und Coney Island vorbei und entlang der schmalen Landzunge von Rockaway. Von der Fährhaltestelle bringen kleine Busse die Besucher kostenlos an den Strand. Sehr schön ist der etwa am Jacob Riis Park mit seinem alten Badepavillon aus dem Jahr 1932.

»NYC Ferry« · Haltestelle für mehrere Linien in Manhattan am Pier 11/Wall Street
www.ferry.nyc · Subway 2/3 bis Wall Street

Schnell und schnittig – die neuen Fähren von »NYC Ferry« erobern den East River.

Das selbstbewusste »Fearless Girl« macht dem Stier von der Wall Street Konkurrenz.

Girl power an der Wall Street

02

Seit einiger Zeit hat der berühmte bronzene Bulle an der Wall Street Gesellschaft bekommen: Das »Furchtlose Mädchen« bietet dem schnaubenden Stier trotzig die Stirn und erfreut sich enormer Beliebtheit. Unklar ist, wie lange die Skulptur, ursprünglich nur eine Aktion zum Weltfrauentag 2017, bleiben darf.

Selbstbewusst steht sie da, die Hände in die Hüfte gestemmt, den Kopf entschlossen nach vorn gereckt, und blickt dem nur wenige Meter entfernten Bullen herausfordernd in die Augen. Die Bronzeskulptur »Fearless Girl« wurde anlässlich des Frauentags am 8. März 2017 am Bowling Green aufgestellt. Sie war Teil einer Kampagne, mit der Vermögensverwalter SSGA Unternehmen animierte, mehr Führungspositionen mit Frauen zu besetzen. Die Künstlerin Kristen Visbal wollte ein Zeichen für die Zukunft der Wall Street setzen. Die Plakette zu Füßen des kleinen Mädchens verkündet: »Sei dir bewusst, was Frauen in Führungspositionen erreichen können.« Eigentlich sollte die Skulptur nach einer Woche wieder verschwinden, doch angesichts der großen Begeisterung wird über eine dauerhafte Lösung nachgedacht.

Alles andere als begeistert ist davon der Bildhauer Arturo Di Modica. Sein mächtiger »Charging Bull«, Symbol für Finanzkraft und wirtschaftlichen Optimismus, ist zum Sinnbild der Wall Street schlechthin geworden. Doch nun erscheint die monumentale Skulptur im Kontrast zur Mädchenfigur plötzlich in einem neuen Kontext, lässt das Tier als Symbol aggressiven männlichen Gewinnstrebens erscheinen. Dabei war auch der Bulle selbst einst hier in einer Nacht- und Nebelaktion aufgetaucht. Zwei Jahre lang arbeitete der Künstler in seinem Loft in SoHo an der 3,5 Tonnen schweren Skulptur, die aus Einzelteilen zusammengeschweißt werden musste. In einer Dezembernacht des Jahres 1989 stellten Di Modica und seine Crew den Stier heimlich auf. Auch damals sorgten begeisterte New Yorker Bürger dafür, dass das zunächst nicht zugelassene Kunstwerk seinen Platz behalten durfte. Bleibt abzuwarten, ob der Talisman der Wall-Street-Börsenhändler mit dem »Fearless Girl« dauerhaft Gesellschaft bekommt.

»Fearless Girl« · Bowling Green (Ecke Broadway/Morris Street) · New York, NY 10004
Financial District · Subway 2, 4/5 bis Bowling Green

03

Besuch in der Goldfestung

Tief unter den Straßen des Finanzviertels lagert der größte Goldschatz der Welt: An die 500 000 Barren Gold im Wert von mehreren Hundert Milliarden Dollar werden im Tresor der Federal Reserve Bank unter strengsten Sicherheitsvorkehrungen bewacht. Umso erstaunlicher, dass es öffentliche Führungen gibt.

Zwischen den Hochhäusern aus Stahl und Glas wirkt die Federal Reserve Bank, kurz: Fed, wie eine mittelalterliche Trutzburg. 22 Stockwerke ragt das fast hundert Jahre alte Sandsteingebäude empor, die unteren Fenster sind massiv vergittert. Hinter den dicken Mauern geht es mit dem Aufzug 25 Meter hinab zum größten und sichersten Tresor der Welt. Der wurde schon 1921 tief in den Felsboden von Manhattan geschlagen, bevor das Bankgebäude darüber errichtet wurde. So nutzte man die natürlichen Gegebenheiten für einen einzigartigen Tresor, dessen Wände komplett aus Granitfels bestehen. Kein normaler Boden könnte auch das Gewicht der Barren tragen, das mehr als 6000 Tonnen beträgt.

Hinter einem Gang aus Fels und Stahlbeton bewacht zusätzlich eine gewaltige, 90 Tonnen schwere Panzertür das Goldgewölbe. Erst wenn eine Reihe von Zahlenkombinationen in einer bestimmten Reihenfolge innerhalb einer vorgeschriebenen Zeit von verschiedenen Personen eingegeben worden sind, öffnen sich die riesigen Stahlzylinder der Panzertür und geben einen schmalen Weg frei ins Allerheiligste. Hier verwahren an die 60 Nationen aus aller Welt Teile ihrer Goldreserven. Die Lagerung des Goldes ist kostenlos, nur für den Transport der Barren verlangt die Fed eine kleine Gebühr von etwa zwei Dollar pro Barren. Dass ausländische Zentralbanken ihr Gold in New York aufbewahren, hat vor allem historische Gründe. Während des Zweiten Weltkrieges und des Kalten Krieges sah man das Gold hier sicherer verwahrt als etwa in Europa. Bis zur Decke türmen sich die schimmernden Barren in den insgesamt 122 Goldkäfigen zum Teil auf. Welcher Barren wem gehört, weiß freilich nur die Fed – sie allein kann die Nummern zuordnen.

Federal Reserve Bank of New York · 33 Liberty Street · New York, NY 10045
Financial District · Führungen Mo–Fr 13 und 14 Uhr · früh anmelden: www.newyorkfed.org
Subway 2/3, 4/5, A/C, J/Z bis Fulton Street

Die Trutzburg der Federal Reserve Bank schimmert nicht nur von außen golden.

04 Auf ein Bier mit George Washington

Nur wenige Schritte von der Wall Street entfernt steht das vermutlich älteste Gebäude Manhattans. »Fraunces Tavern« war schon zu Zeiten, als Amerika noch eine englische Kolonie war, eine beliebte Gastwirtschaft – und ist es auch 250 Jahre später geblieben.

Vergleichsweise klein sieht der Ziegelbau heute aus, umringt von den Hochhäusern des Finanzviertels. Als er 1719 errichtet wurde, muss er ein stattliches Herrenhaus gewesen sein, in dem die Tochter von Stephanus Van Cortlandt wohnte, des ersten in Amerika geborenen Bürgermeisters von New York. 1762 erwarb Samuel Fraunces das Gebäude und machte daraus die nach Königin Charlotte von England benannte »Queen's Head Tavern«. Trotz ihres regimetreuen Namens war die Schenke ein Treffpunkt für Mitglieder des Geheimbundes Sons of Liberty, einer Gruppe junger amerikanischer Patrioten, die gegen die Besteuerung durch die britische Regierung kämpften. Auch während der Amerikanischen Revolution blieb »Fraunces Travern« einer der Mittelpunkte des sozialen Lebens der Stadt. Wer heute das Lokal betritt, kann sich lebhaft vorstellen, wie sich hier einst die Bürger des frühen und postkolonialen New York auf ein Bier trafen, zum Kartenspielen, zu Festen oder heimlichen Besprechungen. Im holzvertäfelten Gastraum sitzt man noch immer gemütlich an langen Holztischen und -bänken. Die Dielen knarren, und das Licht fällt weich durch die Sprossenfenster – nicht aber der Lärm der modernen Stadt.

Besonderen Ruhm erlangte »Fraunces Tavern« als der Ort, an dem General George Washington am 4. Dezember 1783, eine Woche nachdem sich die Briten aus New York zurückgezogen hatten, seine Offiziere zu einem Abschiedsessen einlud. Der Long Room, in dem das legendäre Essen stattfand, ist heute Teil des gut gemachten Museums im Obergeschoss der Taverne. Dort erfährt man auch, dass der umtriebige Fraunces später einige Räume an die amerikanische Regierung vermietete. Entsprechend waren hier in den Anfangsjahren der jungen Republik auch mehrere Ministerien untergebracht.

»Fraunces Tavern« · Museum Mo–Fr 12–17, Sa, So 11–17 Uhr · 54 Pearl Street
New York, NY 10004 · Financial District · Tel. 212/425 17 78 · www.frauncestavern.com
Subway 2, 4/5 bis Bowling Green

In »Fraunces Tavern« verkehrten einst Aufrührer, Revolutionshelden, Staatsgründer.
Der Geist der Geschichte weht noch heute durch die historischen Räume.

Ein paar Stockwerke über dem Gewusel des Finanzviertels liegt diese grüne Oase.

Balkon über dem East River

Nicht erst seit der High Line gibt es in New York, dieser vertikalen, ewig himmelstrebenden Stadt, auch hochgelegte Parks. Der Elevated Acre ist eine jener versteckten Grünflächen inmitten des Großstadtdschungels, auf denen es sich wunderbar entspannen lässt.

Ein *acre*, zu Deutsch ein Morgen, das sind etwas mehr als 4000 Quadratmeter. Der Erhabene Morgen, so ließe sich der Name dieser wunderbar begrünten Dachterrasse poetisch übersetzen, die auf einer vierstöckigen Parkgarage thront. Ihre Existenz verdankt sie einem Immobiliendeal: Demzufolge durften die Bauherren des 54 Stockwerke hohen Gebäudes an der 55 Water Street nur deshalb höher bauen, als es das New Yorker Bauplanungsrecht zulässt, weil sie im Gegenzug auch der Allgemeinheit etwas anzubieten hatten. Einen Morgen Land traten sie für die Baugenehmigung ab und ließen diesen in ein sogenanntes POPS (Privately Owned Public Space) umwandeln.

Etwa zehn Meter über dem FDR Drive befindet sich nun also diese öffentlich zugängliche Oase. Rolltreppen führen von der Water Street nach oben, wo den überraschten Besucher eine grüne Terrasse erwartet, auf drei Seiten eingerahmt von Hochhausfassaden. Zwischen Büschen und Blumen sind Bänke und Sitzgruppen eingerichtet, den Abschluss bildet eine hölzerne Promenade mit Blick über den East River auf Brooklyn. Der Begriff »grüne Oase« ist in Downtown Manhattan freilich relativ: Während unten der Verkehr auf der Stadtautobahn entlangbrandet, herrscht rechter Hand ein stetes, knatterndes Kommen und Gehen auf dem Heliport. Zur Mittagszeit ist auf der Terrasse meist reger Betrieb, wenn die Angestellten aus den umliegenden Büros hier auf den Betonstufen des angedeuteten Amphitheaters oder auf dem Kunstrasen unten ihre Mittagspause verbringen. Nachmittags jedoch ist es nicht schwer, hier trotz Großstadtlärms ein lauschiges Eckchen zu finden. Und wochentags lockt hier im Sommer ab 16 Uhr sogar ein kleiner Biergarten.

Mit etwas Glück entdeckt man das Wanderfalkenduo Jack und Jill, das hier seit Jahren im Frühjahr im 14. Stock nistet. Eine »Falcon Cam« überträgt Bilder der Raubvogelfamilie.

The Elevated Acre · 55 Water Street · New York, NY 10041 · Financial District
www.55water.com · Subway N/R/W bis Whitehall Street

16

Audienz in der Kathedrale des Kommerzes

Bei seiner Fertigstellung 1913 war das 241 Meter hohe Woolworth Building das höchste Gebäude der Welt – und blieb es bis 1930, lange nach dem Tod von Frank Winfield Woolworth, dem Gründer der Warenhauskette. Bei einer Besichtigung staunt man noch heute über Prunk und Pracht des frühen Wolkenkratzers.

1879 lieh sich Woolworth 300 Dollar und eröffnete seinen ersten Fünf-Cent-Store. Mit seinen Billigläden, in denen Waren für fünf und bald auch zehn Cent verkauft wurden, hatte er rasch durchschlagenden Erfolg. 1913 war es dann kein Geringerer als Präsident Woodrow Wilson, der im Weißen Haus in Washington über eine Fernleitung in New York die 80 000 Glühbirnen in der neuen Zentrale des Woolworth-Firmenimperiums zum Erstrahlen brachte. Es muss ein atemberaubender Anblick gewesen sein, überragte der schlanke, im neogotischen Stil erbaute Turm damals doch alle Gebäude. Das 60-stöckige Woolworth Building wurde schnell zum Wahrzeichen der Stadt und lockte jährlich an die 300 000 Besucher auf die Aussichtsplattform im obersten Stock.

Diese Plattform ist schon lange geschlossen, aber immerhin gibt es seit ein paar Jahren wieder die Möglichkeit, einen Blick in den sagenhaften Wolkenkratzer zu werfen. Die Urenkelin des Architekten Cass Gilbert organisiert unter woolworthtours.com tägliche Führungen. Dabei kann man zwischen 30, 60 und 90 Minuten Dauer wählen.

Da steht man dann also staunend in der prächtigen Lobby mit der in Gold, Blau und Grün schimmernden Mosaikdecke und verrenkt sich den Hals, um all die Details in Augenschein zu nehmen. Neben gotischen Elementen wie Spitzbögen und Wasserspeiern sind hier die Konterfeis von Woolworth und seinem Architekten verewigt. Dazu erfährt man allerlei spannende Anekdoten, etwa, dass der Bauherr die 13,5 Millionen Dollar in bar zahlte (allerdings wohl nicht in Fünf-Cent-Münzen) und es einen eigenen U-Bahn-Zugang gab. Die oberen Stockwerke werden gerade in Luxuswohnungen umgewandelt – das Penthouse mit der Aussichtsterrasse soll 110 Millionen Dollar kosten.

Woolworth Building · 233 Broadway · New York, NY 10007 · Financial District · Besichtigung nur mit geführten Touren, www.woolworthtours.com · Subway N/R/W bis City Hall

Die prächtige Firmenzentrale von Kaufhauskönig Frank W. Woolworth kann nur auf geführten Touren besichtigt werden. Es lohnt sich!

Überlebender des 11. September: das gebeutelte Kunstwerk »The Sphere«

Auferstanden aus den Trümmern

07

Wie durch ein Wunder wurde nach den Terroranschlägen des 11. September die riesige Skulptur »The Sphere«, die zwischen den Zwillingstürmen des World Trade Centers gestanden hatte, weitgehend unversehrt aus den Trümmern geborgen. Nun hat sie im Liberty Park ihr neues altes Zuhause gefunden.

Die tonnenschwere, fast acht Meter hohe Bronzeplastik des deutschen Bildhauers Fritz Koenig wurde vom Bauherren des World Trade Centers, der Port Authority of New York and New Jersey, in Auftrag gegeben. Von 1967 bis 1971 fertigte Koenig die Monumentalplastik in seiner Werkstatt an, von Bremen aus wurde das aus 52 Bronzesegmenten bestehende Kunstwerk dann verschifft. Die »Große Kugelkaryatide«, so der offzielle Name, war drei Jahrzehnte lang das Herzstück des World Trade Centers. Sie stand in der Mitte der Brunnenanlage zwischen den beiden mächtigen Türmen und drehte sich durch den Wasserdruck binnen 24 Stunden einmal um die eigene Achse. Weltfrieden durch Welthandel sollte die goldglänzende Kugel symbolisieren. Dieser Traum ging am 11. September 2001 jäh in den Trümmern der einstürzenden Zwillingstürme unter. Verbeult und an einigen Stellen eingerissen, aber ansonsten komplett erhalten, wurde die »Sphere« aus dem Trümmerberg aus Beton, Stahl und Schutt geborgen.

So sahen viele New Yorker in ihr ein Symbol der Hoffnung und des Überlebens. Sie zu reparieren kam auch für den Künstler nie infrage. »Es war eine Skulptur, nun ist es ein Denkmal«, so Koenig. »Jetzt hat sie eine andere Schönheit, eine, die ich mir nie vorstellen konnte.« Versehrt und doch ungebrochen ist sie, und ihre Beulen und Risse sind stolze Narben, die von dem zeugen, was sie erlebt und überstanden hat. Ein temporäres Zuhause fand die Kugel im Battery Park, wo sie allerdings wenig beachtet stand. Erst im Sommer 2017 kehrte »The Sphere« nach Hause zurück: Im Liberty Park, in unmittelbarer Nähe zu ihrem einstigen Standort, hat sie nun ihren Platz gefunden. Koenig selbst erlebte die Rückkehr seines wichtigsten Kunstwerks nicht mehr. Er starb wenige Monate zuvor.

»The Sphere« · Liberty Park · New York, NY 10006 · Financial District
Subway N/R/W bis Cortland Street

08

Kühner Flügelschlag

In unmittelbarer Nachbarschaft zum One World Trade Center und 9/11 Memorial erhebt sich ein monumentales weißes Stahlgerippe: der neue Verkehrsknotenpunkt im Süden von Manhattan. Neben dem Zugang zu elf U-Bahn-Linien gibt es hier auch eine riesige Shoppingmall – und ganz große Architektur.

Für manchen Betrachter erhebt sich hier ein Phönix aus der Asche, andere fühlen sich eher an das Gerippe eines Dinosauriers erinnert. Wie so oft liegt Schönheit im Auge des Betrachters. »Oculus«, lateinisch für Auge, so heißt der vom spanischen Stararchitekten Santiago Calatrava entworfene Bahnhof offiziell. Oder auch, weniger poetisch, World Trade Center Transportation Hub. Bei den Terroranschlägen vom 11. September 2001 war auch der unterirdische Bahnhof der PATH-Trains, die Manhattan mit den Vororten in New Jersey verbinden, zerstört worden. Der neue Bahnhof kostete am Ende 3,85 Milliarden Dollar, zwei Milliarden mehr als ursprünglich geplant, und eröffnete 2016 mit sieben Jahren Verzögerung. »Das Schöne ist eben schwierig«, meinte Calatrava, der angesichts wachsender Kritik an den explodierenden Kosten dennoch an seiner Vision festhielt.

Architektonisch ist ihm hier zweifellos ein großer Wurf gelungen. Die schneeweißen Schwingen, die der skulpturale Bau ausbreitet, sind in der backsteinernen und stählernen Wolkenkratzermetropole Manhattan ohnegleichen. Die beiden v-förmigen Flügel ragen mehr als 50 Meter in die Höhe und erinnern an einen abhebenden Vogel. Nicht umsonst hatte Calatrava bei der Präsentation seines Entwurfs eine emporflatternde weiße Taube gezeigt. Im Inneren des filigranen, transparenten Baus herrscht fast blendende Helligkeit. Die säulenfreie Eingangshalle erstreckt sich auf Straßenebene bereits über 100 Meter. Auf dem Upper Concourse Level entfaltet der elliptische Innenraum dann seine vollen Maße von ungefähr 120 Meter Länge und 65 Meter Breite. Im darunter liegenden Concourse Level befinden sich die Zugänge zu den Zügen und Geschäftszeilen sowie ein Verbindungsgang zum 9/11 Memorial.

»Oculus« World Trade Center Transportation Hub · 33–69 Vesey Street
New York, NY 10007 · Financial District · www.wtc.com/about/getting-here

Mehr als 12 000 Tonnen Stahl sowie weißen Marmor aus Südtirol ließ Architekt Calatrava für seinen Bahnhof samt Einkaufspassage verbauen.

09

Dem Himmel entgegenbauen

Als »Nationalpark der Wolkenkratzer« bezeichnete Kurt Vonnegut New York. Tatsächlich gibt es in der Stadt an die 700 Gebäude, die mehr als 150 Meter hoch sind, Tendenz steigend. Mit dem Skyscraper Museum wurde den Wolkenkratzern sogar ein weltweit einzigartiges Museum gewidmet.

Chicago mag die Geburtsstätte der Hochhäuser sein – 1885 wurde dort das erste Hochhaus der Welt gebaut, das 42 Meter hohe Home Insurance Building –, doch New York ist die Stadt der modernen Wolkenkratzer. Bereits vor Ende des 19. Jahrhunderts knackte das Manhattan Life Insurance Building die damals magische 100-Meter-Marke. 1907 erreichte das Singer Building mit 47 Stockwerken eine Höhe von 187 Metern, es ist also auch nach heutiger Definition ein echter Wolkenkratzer, womit jene Häuser bezeichnet werden, die höher sind als 150 Meter. Ein wahres Wettrennen um immer größere Gebäude setzte ein – bis das Empire State Building 1931 schwindelerregende 381 Meter erreichte und damit mehr als 40 Jahre lang das höchste Gebäude der Welt blieb. Wolkenkratzer prägen heute die Skyline an der Südspitze von Manhattan und die Häuserschluchten in Midtown, und es kommen immer neue dazu. Gerade in jüngster Zeit hat ein Bauboom Manhattan erfasst, dabei wird höher und schlanker gestaltet als je zuvor (siehe S. 112).

In dem an den Battery Park angrenzenden Skyscraper Museum, das etwas versteckt auf der Rückseite des Hotels »Ritz-Carlton« untergebracht ist, werden Geschichte, Design und Technologie dieser faszinierenden Gebäude beleuchtet. Das Museum ist klein, aber fein. In wechselnden Ausstellungen erfährt man viel Wissenswertes und Informatives über die heimischen Skyscraper, aber auch über extrem hohe Gebäude auf der ganzen Welt. Verspiegelte Böden und Decken vermitteln den Eindruck, man befinde sich selbst in schwindelnder Höhe. Besonders sehenswert: ein holzgefertigtes Miniaturmodell von Manhattan, in dem alle Häuser maßstabsgetreu abgebildet sind und das anschaulich zeigt, wie viele Wolkenkratzer hier auf engstem Raum in die Höhe wachsen.

Skyscraper Museum · Mi–So 12–18 Uhr · 39 Battery Place · New York, NY 10280
Financial District · www.skyscraper.org · Subway 2, 4/5 bis Bowling Green

Wer die Wolkenkratzermetropole New York auch museal erfahren will,
ist im Skyscraper Museum beim Battery Park genau richtig.

Nur ein paar Minuten dauert die Fahrt mit der Fähre nach Governors Island.
Hier kann man Hitze und Lärm der Großstadt in den Sommermonaten entfliehen.

Zur Sommerfrische auf die Insel

10

Die Zeiten, in denen Governors Island ein echter Geheimtipp war, sind vorbei. Doch noch immer finden sich Sommerfrischler nach nur wenigen Fährminuten im Paradies wieder – die Insel ist in den Monaten von Mai bis Oktober Rückzugsort, Vergnügungspark und Freilichtmuseum in einem.

Manhattan ist eine Insel. Klar, das wissen die meisten. Doch ganz New York ist ein Archipel, das aus rund 40 großen, kleinen und kleinsten Inseln besteht. Bis auf die Bronx sind alle der fünf *boroughs* komplett von Wasser umgeben. Dazu kommen kleinere Eilande wie Ellis Island, die Einwandererinsel; Rikers Island, die Gefängnisinsel; oder Hart Island, die Armenfriedhofsinsel. Und natürlich Governors Island. Das 70 Hektar große Areal diente von der Revolutionszeit bis in die 1960er-Jahre der amerikanischen Armee als Stützpunkt. Auf alten Landkarten ist es oft nicht verzeichnet – es wurde geheim gehalten. 1988 fanden hier die Friedensgespräche zwischen Ronald Reagan und Michail Gorbatschow statt, was gleichzeitig den Niedergang von Governors Island einläutete. Denn nach dem Ende des Kalten Krieges zog sich das Militär zurück, die Kasernen standen verwaist da, und alles verwahrloste. Erst 2003 verkaufte der Bund der Stadt New York Governors Island für einen symbolischen Dollar ab, mit der Auflage, ein Naherholungsgebiet daraus zu machen. Grünanlagen und Spielplätze wurden errichtet, gleichzeitig blieben die alten Gebäude, vor allem die Kaserne Fort Jay und das Militärgefängnis Castle Williams, erhalten und bilden heute eine Art Freilichtmuseum. Wochentags ist die autofreie Insel ein Ort der Ruhe, den man am besten mit einem Mietfahrrad erkundet. An sonnigen Wochenenden aber strömen Tausende auf das Stückchen Land, das sich dann in einen fröhlichen Vergnügungspark verwandelt. Da gibt es Freiluftkonzerte, Kunstausstellungen und eine Strandbar vor der grandiosen Kulisse von Manhattan. An zwei Wochenenden im Sommer findet eine beliebte Picknick-Sommerparty im Stil der Goldenen Zwanziger statt, die Jazz Age Lawn Party. Um Tickets (und Outfits!) für dieses Event sollte man sich freilich frühzeitig kümmern.

Governors Island · Mai–Okt. Mo–Fr 10–18, Sa, So 10–19 Uhr · New York Harbor
www.govisland.com · Fähren vom Governors Island Ferry Terminal Pier 6

Die Freiheit im Blick – so geht Segeln im New Yorker Hafen.

11

Segeltörn vor Wolkenkratzerkulisse

Die Haare flattern im Wind, die Segel knattern, die Gischt spritzt. An Deck eines historischen Zweimasters oder eleganten Schoners, der die Wellen vor Manhattan zerschneidet, kommt das Gefühl von Urlaub in der Stadt auf. Gleich auf mehreren Segelschiffen werden Bootstouren vor New York angeboten.

Klar kann man auch mit den Dampfern der Circle Line um Manhattan oder zumindest um die Südspitze der Insel herum fahren und die Silhouette der Stadt bewundern. New York vom Wasser aus ist immer ein Erlebnis, aber es geht auch intimer und stilvoller – mit einem Segeltörn. Bei mehreren Anbietern und verschiedenen Schiffen und Touren hat man die Qual der Wahl – ob nachmittags, zum Sonnenuntergang oder spätabends als Hafenlichtertour, mit Jazzmusik, Craftbier-Verkostung oder Brunch. Die meisten Segelausflüge finden von Mai bis Oktober statt und dauern zwischen eineinhalb und zwei Stunden. Egal wofür man sich entscheidet: Wenn das Schiff leise übers Wasser gleitet und man vom Achterdeck auf die Skyline blickt oder die Freiheitsstatue ganz nah, aber ohne das Gedränge der Besuchermassen erlebt, ist das eine der entspanntesten und elegantesten Besichtigungstouren.

Im Sommer gibt's Glück gratis. Fast täglich finden auf der Seaport Summer Stage kostenlose Konzerte und Open-Air-Kino statt. Dazu ein kühles Craftbier in der Clinton Hall.

Hat man dann wieder festen Boden unter den Füßen, ist ein Spaziergang zum South Street Seaport eine ideale Verlängerung des Segelausflugs. In diesem denkmalgeschützten Hafenviertel mit Kopfsteinpflaster, alten Backsteinhäusern und dem South Street Seaport Museum kann man in New Yorks Vergangenheit als wichtige Hafenstadt eintauchen. Zum Museum gehört auch eine Flotte von fünf historischen Schiffen, die an Pier 15–17 vor Anker liegen. Eines von ihnen, das Segelschiff »Pioneer« aus dem Jahr 1885, kreuzt im Sommer in den Gewässern des New Yorker Hafens (bei so einer Tour gilt übrigens »BYOB«, also: »bring your own beer«).

Segeltouren · z. B. über Manhattan by Sail, www.manhattanbysail.com
Classic Harbor Line, www.sail-nyc.com · South Street Seaport Museum · 12 Fulton Street
www. southstreetseaportmuseum.org

12 Chinatowns blutiges Eck

Einst tobten in der Doyers Street blutige Bandenkriege. Die gefährlichste Straßenbiegung der Stadt, bekannt als »Bloody Angle« oder »Murder Alley«, führte auch hinab in ein berüchtigtes Tunnelsystem. Heute hat man hier die Wahl zwischen schicken Bars und traditionellen chinesischen Teesalons.

Als eine der wenigen Straßen im meist streng geometrisch angeordneten Manhattan biegt sich die nur 60 Meter kurze Doyers Street fast in einem 90-Grad-Winkel von der Pell Street zur Bowery. Hier, an der Grenze zwischen Chinatown und der Lower East Side, reihten sich Anfang des 20. Jahrhunderts Fan-Tan-Spielhallen, Bordelle und Opiumhöhlen aneinander, alle fest in der Hand chinesischer Banden, sogenannter Tongs. Die New Yorker Polizei ließ sich lieber nicht blicken. Im ersten Viertel des Jahrhunderts bekriegten sich die rivalisierenden Banden aufs Bitterste. Dutzende starben in diesen

Früher blutrot, heute bunt: In der Doyers Street speist man heute gefahrlos.

Tong Wars, darunter viele Unschuldige. Mit Pistolen, aber auch Äxten und Beilen gingen die Bandenmitglieder aufeinander los. Oft wurden Auftragsmörder losgeschickt, wie bei der italienischen Mafia, um Rivalen aus dem Weg zu räumen. Selbst ein Theater, das Chinese Opera House, wurde während einer Vorstellung zum Schauplatz eines Massakers. Die Doyers Street bot dabei nicht nur die Möglichkeit, dem Gegner hinter der Straßenbiegung unentdeckt aufzulauern, sondern es gab auch Falltüren und versteckte Zugänge zu einem labyrinthartigen Tunnelsystem, das im Untergrund zahlreiche Gebäude miteinander verband und durch das die Gangmitglieder notfalls fliehen konnten.

Heute hat sich hier vieles geändert, wenn die Gasse auch weiterhin recht versteckt und abseits der umtriebigen Pell Street und der inzwischen hippen Bowery liegt. Angesagt ist die schicke Cocktailbar »Apotheke« (Nummer 9) im Stil einer alten europäischen Apotheke. Im »Nam Wah Tea Parlor« (Nummer 13) scheint dagegen die Zeit stehen geblieben zu sein. In diesem Teehaus werden seit annähernd hundert Jahren Tee und Dim Sum serviert – »Nam Wah« brachte als erstes Restaurant Dim Sum nach New York.

Doyers Street · New York, NY 10013 · Chinatown
Subway J, Z bis Chambers Street

Einst bauten sie amerikanische Eisenbahnen und sorgten für saubere Wäsche:
Im Museum of Chinese in America erlebt man chinesische Einwanderergeschichte.

Von Chinatown ins ganze Land

13

Nirgendwo außerhalb von Asien leben so viele Chinesen wie im Raum New York. Mehr als 800 000 sollen es sein, Tendenz stetig steigend. Unter den sechs verschiedenen Chinatowns in New York City ist das in Manhattan am bekanntesten. Hier findet sich auch das sehenswerte Museum of Chinese in America.

Was 1980 als lokales Geschichtsprojekt begann, zählt längst als eines der führenden Museen zur Geschichte der Chinesen in Amerika. Seit 2009 ist es in einem beeindruckenden Neubau der Künstlerin Maya Lin beheimatet, bekannt durch ihr Vietnamdenkmal in Washington, D.C. Die Ausstellungsräume sind um einen zweistöckigen Innenhof angeordnet, über den sich ein gewaltiges Oberlicht wölbt. In der Dauerausstellung »With a Single Step« wird die mehr als 160-jährige Geschichte und Kultur der Chinesen in den USA anschaulich nachgezeichnet. Der Goldrausch in Kalifornien lockte in den 1840er-Jahren die ersten Chinesen nach Amerika. Ihnen folgten in den nächsten Jahrzehnten Tausende, fast ausschließlich Männer, die in den Bergwerken und in der Landwirtschaft im Westen schufteten und maßgeblich am Bau der transkontinentalen Eisenbahn beteiligt waren. Dennoch waren sie mehr als andere ethnische Minderheiten rassistischen Anfeindungen ausgesetzt und auch rechtlich schlechter gestellt. Mit dem Chinese Exclusion Act von 1882 wurden die amerikanischen Grenzen für chinesische Neueinwanderer für 60 Jahre geschlossen.

Heute hat der Zuzug aus dem Reich der Mitte wieder Rekordzahlen erreicht. Von den rund 3,3 Millionen Chinesen, die in den USA leben, sind etwa zwei Millionen in Asien geboren, also Einwanderer der ersten Generation. Briefe, Fotos und die unterschiedlichsten Erinnerungsstücke dokumentieren die bewegte Entwicklung, die vielen Hürden und Probleme, aber auch Errungenschaften der »Chinese-Americans«. Dazu geben Sonderausstellungen Einblick in Themen wie Kunst, Kultur und Küche. Sehr empfehlenswert sind auch die vom Museum organisierten Führungen durch Chinatown, bei denen das Viertel unter verschiedenen Aspekten unter die Lupe genommen wird.

MoCA · Di–So 11–18, Do bis 21 Uhr · 215 Centre Street · New York, NY 10013 · Chinatown
Tel. 855/955 66 22 · www.mocanyc.org · Subway N/Q/R/W/J/Z oder 6 bis Canal Street

14 Eiscreme von der Rolle

Wenn Eis nicht nur gut schmecken soll, sondern jeder Becher ein individuelles kleines Kunstwerk ist, sodass man erst mal das Handy zücken muss, um ein Foto auf Instagram einzustellen, dann ist man bei »10Below Ice Cream« goldrichtig.

Selbst an einem kühlen, regnerischen Tag ist es in der kleinen Keller-Eisdiele in Chinatown rappelvoll. An heißen Tagen steht die Schlange schon mal die Mott Street hinunter bis zum Chatham Square. Denn: Das Eis wird hier nicht fertig aus Behältern gekratzt, sondern vor den Augen der staunenden Kunden frisch zubereitet. Die flüssige Masse wird auf eine runde Metallplatte gegossen, wie ein Pfannkuchen flach gestrichen und mit den Zutaten der jeweiligen Sorte vermischt. Ganz anders als ein Crêpe-Eisen ist diese Platte aber eiskalt, sodass die Masse blitzschnell gefriert. Doppeldeutig daher der Name des Eisparadieses: »10Below« besagt, dass man sich unter dem Haus Nummer 10 befindet. Und auch, dass die Eisplatten mindestens –10 °Fahrenheit (oder –23 °Celsius) kalt sind.

Ist die Eismasse erstarrt, schieben die geschickten thailändischen Eiskünstler sie mit einem Spatel in vier bis fünf kleine Röllchen zusammen, die hochkant in einen Becher gestellt werden. Crème Anglaise, eine Mischung aus Sahne, Eigelb und Zucker, bildet die Basis für verwegene Sorten wie »Monkey Business« (Nutella und Banane), »Key Lime Pie« (Limetten und Graham-Cracker) oder »Matcha made in Heaven« (Grüntee und Heidelbeeren). Der Abschluss ist dann ganz amerikanisch – die fertigen Becher werden mit Toppings nach Wahl verziert: verschiedene Beeren, Schlagsahne, Kokosflocken, Karamellsoße, zerbröselte Oreos oder Salzbrezelchen verleihen so jedem Becher die ganz individuelle Note. Das Ergebnis kann sich sehen und schmecken lassen. Der »S'mores Galore«-Becher wird zum Beispiel mit kleinen Graham-Crackern in Bärchenform und einem mit einem Flambierbrenner karamellisierten Marshmallow verziert. Da tun auch die mehr als zehn Dollar pro Becher nicht mehr so weh. Viel Platz zum Sitzen gibt es nicht, also spaziert man besser mit dem Becher in der Hand durch Chinatown.

»10Below Ice Cream« · So–Do 13–22, Fr, Sa 13–23.30 Uhr · 10 Mott Street New York, NY 10013 · Chinatown · www.10belowicecream.com · Subway 4/6 bis Canal Street

Die Eismeister von »10Below Ice Cream« zaubern vor den Augen der staunenden Kunden kleine Eisröllchen, die dann kunstvoll dekoriert werden.

Die prächtige Synagoge an der Lower East Side ist heute ein sehenswertes Museum.

Schalom und Ni Hao

An der Grenze zwischen Chinatown und der Lower East Side steht eine der ältesten und schönsten Synagogen des Landes, die Eldridge Street Synagogue. Heute ist hier nicht nur die orthodoxe Gemeinde zu Hause, die sie im 19. Jahrhundert errichtete, sondern auch ein kleines, aber sehenswertes Museum.

Zwischen 1880 und 1924 wanderten an die 2,5 Millionen osteuropäische Juden in die USA ein. Nahezu 75 Prozent ließen sich an der Lower East Side nieder, wo sie kleine Geschäfte, Vereine und natürlich auch Gotteshäuser eröffneten. Als eine der ersten gründete die Kahal-Adath-Jeshurun-Kongregation mit ihrem Rabbi Eliahu dem Gesegneten, früher Oberrabbiner in St. Petersburg, die Eldridge Street Synagogue. Dank großzügiger Spenden der Gemeindemitglieder ließ man einen von außen imposanten, innen prächtig ausgestatteten Bau errichten, der maurische und neogotische Stilelemente verband. Der Hauptraum mit seiner 20 Meter hohen Gewölbedecke beeindruckte mit Buntglasfenstern, Messingbeschlägen und handbemalten Wänden. Hunderte strömten damals zu den Gottesdiensten – streng getrennt nach Männern (unten) und Frauen (auf der Empore) – und staunten angesichts all der Pracht. 50 Jahre währte die Blütezeit der Synagoge, dann musste sich die Gemeinde wegen schwindender Mitgliederzahlen und unbezahlbarer Bauschäden ins Untergeschoss zurückziehen, während der große Raum dem Verfall preisgegeben wurde.

Erst in den 1980er-Jahren bemühte sich ein gemeinnütziger Verein um die Rettung der Synagoge. Ihr Bau hatte 1887 nur zehn Monate gedauert, ihre Restaurierung zog sich über mehr als 20 Jahre hin, in denen der einstige Prachtbau Stück für Stück renoviert und schließlich als Museum eröffnet wurde. Anstelle des zerstörten Glasfensters über dem Altarraum schuf die Künstlerin Kiki Smith eine fantastische neue Fensterrosette aus 1200 Glasstücken in Blauschattierungen, in die mehr als 650 Sterne eingraviert sind. Eine Ausstellungsfläche im Untergeschoss dokumentiert die Geschichte der Synagoge und des Stadtviertels sowie der jüdischen Einwanderung.

Museum at Eldridge Street · So–Do 10–17, Fr 10–15 Uhr · 12 Eldridge Street · New York, NY 10002 · Chinatown/Lower East Side · www.eldridgestreet.org · Subway F bis East Broadway

6 Einwanderer-vergangenheit hautnah

Wer New Yorker Geschichte verstehen möchte, wer wirklich wissen will, wie das Leben für die Ärmsten der Armen, für die Einwanderer in New Yorks Lower East Side im 19. Jahrhundert war, kann dies im Tenement Museum hautnah erleben.

Während der großen Einwandererströme im 19. und frühen 20. Jahrhundert wurde die Lower East Side das Auffangbecken für die Ärmeren unter den Neuankömmlingen. Dicht an dicht lebten sie hier in den *tenements* genannten Mietshäusern, oft ohne warmes Wasser, Gas, Heizung, Fenster oder Privatsphäre. Kaum vorstellbar für heutige Verhältnisse. Um dies aber doch greifbar zu machen, waren zwei Soziologinnen Mitte der 1980er-Jahre auf der Suche nach Zeugnissen jener gar nicht so fernen Vergangenheit. In der Orchard Street stießen sie auf ein typisches Mietshaus aus dem Jahr 1863, das seit 1935 vernagelt und verlassen gewesen war. Ein Glücksfall. Über die Jahre hindurch hatten in dem fünfstöckigen Backsteinhaus in der Orchard Street 97 an die 7000 Einwanderer gewohnt, auf dem Höhepunkt der Einwanderungswelle um 1900 mehr als 100 Menschen gleichzeitig. 20 Familien teilten sich eine einzige Toilette auf dem Hinterhof. Das Museum restaurierte nach umfassenden historischen Recherchen mehrere Wohnungen, anhand derer die verschiedenen Einwandererwellen aus Osteuropa, Griechenland, Italien und Irland nachgezeichnet und die Lebensbedingungen ihrer Bewohner zwischen 1869 und 1935 anschaulich dokumentiert werden. Da ist etwa die deutsch-jüdische Familie Gumpertz oder die Wohnung der Baldizzis, Einwanderer aus Sizilien.

Achtung: Das Museum kann ausschließlich in geführten Touren besichtigt werden. Das mag für den zufällig vorbeikommenden Besucher ärgerlich sein, ist aber eigentlich sehr gut, denn die Guides sind ausgesprochen engagiert und sachkundig, sodass eine Führung zu einer spannenden Zeitreise wird. Neben den Museumsführungen werden auch thematische Rundgänge durch das Viertel angeboten. Sehr empfehlenswert: die zweistündige Tour »Foods of the Lower East Side«.

Lower East Side Tenement Museum · 103 Orchard Street · New York, NY 10002
Tel. 877/975 37 86 · www.tenement.org · Subway B/D bis Grand Street, F bis Delancey Street

Eine der komfortableren Wohnungen von Einwanderern in der Orchard Street

Bei »Katz's«, dem angeblich ältesten jüdischen Delikatessen-Restaurant der Stadt, ist es immer voll – kein Wunder, bei dem Pastrami-Sandwich!

Imbiss in Katz's Wurstfabrik

17

Der deutsch-jüdische Begriff »Delikatessen« hat im amerikanischen Englisch eine beachtliche Karriere hingelegt. In seiner Abkürzung »Deli« steht er synonym für kleine, feine Imbissstuben, die köstliche Dinge verkaufen. An der Lower East Side lässt sich noch eines der namengebenden Originale besuchen.

An der Seitenwand, gut lesbar von der Ludlow Street aus, prangt noch die große Aufschrift: »Wurst Fabric«. Wo sich Ende des 19. Jahrhunderts viele jüdische Einwanderer niedergelassen hatten, die Jiddisch als ihre Sprache weiter pflegten, war auch der Bedarf an koscheren Fleischwaren groß – und die berühmte New Yorker Pastrami erfunden: gut gewürztes Rindfleisch, in dünne Scheiben geschnitten und dann dick aufs Sandwich gelegt. Und »Katz's« hat unangefochten die gigantischsten Pastrami-Sandwiches, die gern mal 20 Dollar kosten, aber dafür kann davon auch eine ganze Familie satt werden. Die Kunden sind begeistert, vertilgen jede Woche sieben Tonnen Pastrami, eine Tonne Salami und 4000 Hotdogs und bescheren dem 1888 gegründeten Deli eine treue Fangemeinde.

Mit etwas Glück ist der Platz frei, an dem Meg Ryan in »Harry und Sally« so anschaulich machte, dass Billy Crystal noch viel über Frauen lernen muss.

2017 wurde die erste Filiale des so stark mit der Lower East Side assoziierten »Katz's« in der DeKalb Market Hall (siehe S. 158) in Brooklyn eröffnet: »A Taste of Katz's«, was schon deutlich macht, dass der Stammsitz mit seinem herben Fabrikcharme, der langen Theke mit allerlei Fleischsorten und den einfachen Holzbänken und -tischen unangefochten das Flaggschiff bleiben wird. Denn »Katz's« ist tatsächlich eine der versteckten Berühmtheiten in der New Yorker Restaurantszene und wurde auch selbst immer gern von Berühmtheiten aufgesucht. In der großen Zeit des jiddischen Theaters, von etwa 1900 bis in die 1920er-Jahre, waren dessen Autoren und Schauspieler häufige Gäste. Und »Katz's« taucht auch in etlichen Filmen auf, etwa in »Donnie Brasco«, »Sidewalks of New York« und, allen voran, »Harry und Sally«.

»Katz's Delicatessen« · Mo–Mi, So 8–22.45, Do 8–2.45 Uhr, Fr, Sa 24 Std.
205 East Houston Street · New York, NY 10002 · Lower East Side · Tel. 212/254 22 46
www.katzsdelicatessen.com · Subway F/M bis 2 Ave.

18 Jüdische Leckereien an der Lower East Side

Der Appetizing shop, das auf Fisch, Bagel und Naschwaren spezialisierte jüdische Gegenstück zum Deli, ist eine vom Aussterben bedrohte Gattung. Wie gut, dass es »Russ & Daughters« gibt, die seit einem Jahrhundert die Stadt mit dem wohl besten geräucherten Fisch versorgen.

New York ist die jüdischste Stadt außerhalb Israels. Nirgendwo sonst leben so viele Juden: 1,5 Millionen, also mehr als in Jerusalem. Die jüdische Kultur hat die Stadt entsprechend stark geprägt, auch wenn sie längst nicht mehr so präsent ist wie noch vor hundert Jahren. Zwischen 1880 und 1920 kamen mehr als zwei Millionen jüdische Einwanderer aus West- und vor allem Osteuropa nach New York, sie machten bald ein Viertel der Gesamtbevölkerung aus. Die meisten ließen sich an der Lower East Side von Manhattan nieder. Hier verkaufte der polnische Einwanderer Joel Russ von seinem Handkarren aus gesalzene Heringe und getrocknete Pilze. 1914 eröffnete er in der Orchard Street seinen ersten Laden, einen *appetizing shop*, in dem er eingelegten und geräucherten Fisch, Bagel und getrocknetes Obst anbot. In den 1920er-Jahren zog Russ mit seinem Laden um die Ecke in die heutigen Ladenräume in der Houston Street, wo er das Familienunternehmen mit seinen drei charmanten Töchtern Hattie, Ida und Anne führte, die schon von Kindesbeinen an hinter der Theke standen.

Noch heute gibt es bei »Russ & Daughters« – mittlerweile in der vierten Generation – fast dasselbe Warenangebot wie vor hundert Jahren. Treue Stammkunden schwören auf die hausgeräucherten Renken, eingelegten Heringe und den hauchdünn geschnittenen Lachs. Wer sich seinen Bagel oder sein Sandwich nicht einfach an der Theke mit geräuchertem Fisch zum Mitnehmen belegen lassen will, kann auch im neuen Café um die Ecke (127 Orchard Street) in Fischgerichten schwelgen. Und seit Neuestem gibt es auch im Jewish Museum auf der Upper East Side ein »Russ & Daughters«-Restaurant mit Take-out-Theke für allerlei koschere Leckereien. Let's nosh!

»Russ & Daughters« · tägl. 8–18, Do bis 19 Uhr · 179 East Houston Street
New York, NY 10002 · Lower East Side · Tel. 212/475 48 80
www.russanddaughters.com · Subway F, M bis 2 Ave.

Der hauchdünn geschnittene Lachs ist eine Spezialität von »Russ & Daughters«.

Nur etwas Sojasoße, mehr braucht es nicht für Vanessa's knusprige Teigtaschen.
Nur vormittags hat man im »Standard Biergarten« noch freie Platzwahl.

19

Im Teigtaschenhimmel

Restaurants, in denen es Dumplings gibt, die gefüllten chinesischen Teigtaschen, findet man in Chinatown wie Sand am Meer, aber bei »Vanessa« sind sie besonders lecker. So gut und günstig wird man in New York sonst kaum satt werden – für gerade mal zwei Dollar bekommt man vier kross gebratene Dumplings. Die handgemachten Teigtaschen bestellt man an der Theke, entweder gebraten oder gedünstet und mit einer Vielzahl an Füllungen. Besonders zu empfehlen ist die knusprig gebratene Variante mit Schweinefleisch und Schnittlauch. Eine schmackhafte Alternative: die gefüllten Sesampfannkuchen, die in dampfende, pizzastückgroße Teile geschnitten werden.

»Vanessa's Dumpling House« · Mo–Sa 10.30–22.30, So 10.30–22 Uhr
118A Eldridge Street · New York, NY 10002 · Chinatown · Tel. 212/625 80 08
www.vanessas.com · Subway B/D bis Grand Street

20

Ein Cheers auf die Gemütlichkeit

An die 50 Biergärten soll es in New York geben. Wobei man hier nicht unbedingt bayerische Gemütlichkeit unter Kastanienbäumen erwarten sollte. Oft wird schon eine Terrasse mit ein paar Tischen als *beer garden* bezeichnet. Richtig groß ist dagegen der »Standard Biergarten«, der am Fuß des gleichnamigen Designhotels liegt. Zu Bratwurst und Brezen wird hier deutsches Bier frisch gezapft. Die Stimmung an den klassischen Bierbänken ist immer ausgelassen, zwei Tischtennisplatten sorgen zusätzlich für Spaß. Der Biergarten liegt direkt unter dem Aufgang zur High Line und ist das ganze Jahr hindurch geöffnet – im Winter wird er einfach verglast.

»Standard Biergarten« · 848 Washington Street · New York, NY 10014
Meatpacking District · Tel. 212/645 41 00
www.standardhotels.com/new-york/features/biergarten · Subway A/C/E, L bis 14 Street

21 Von der Matrosenabsteige zum Boutiquehotel

Einst war »The Jane« ein Wohnheim für Seeleute, dann Notquartier für die überlebende Besatzung der »Titanic«, später YMCA-Jugendherberge und schließlich Obdachlosenunterkunft. Jetzt ist es ein ebenso schickes wie preiswertes Boutiquehotel im maritimen Look im angesagten Meatpacking District.

Vor mehr als hundert Jahren war New York eine pulsierende Hafenstadt, und die Straßen des West Village waren voller Matrosen auf Landgang. Wer der American Seaman's Friend Society angehörte, konnte im 1908 errichteten Sailors' Home in der Jane Street, nur ein paar Schritte vom Hudson River entfernt, für 25 Cent die Nacht ein kleines Zimmer bekommen (Kapitäne zahlten das Doppelte). Nach dem Untergang der »Titanic« fanden hier 1912 die Überlebenden der Mannschaft Unterschlupf. In den nächsten Jahrzehnten ging es dann stetig abwärts mit dem mittlerweile »Jane West« genannten Hotel, das bald einen fragwürdigen Ruf als Absteige für Drogenabhängige, Prostituierte und Obdachlose genoss, wie auch das ganze umliegende Viertel mit seinen fleischverarbeitenden Betrieben und Sexclubs. Erst in den späten 1990er-Jahren erreichte die Gentrifizierung das Meatpacking District, das schnell den Sprung von schäbig zu schick machte, als Galerien und Boutiquen in die alten Metzgerhallen einzogen.

2007 wurde auch das »Jane« umgebaut, der alte Charme blieb aber zum Glück erhalten. Die winzigen, holzvertäfelten Zimmer im Kabinenlook erinnern noch heute an die maritime Vergangenheit. Wer nicht viel Wert auf Platz legt und bereit ist, das immerhin in Mamor ausgekleidete Gemeinschaftsbad mit anderen Reisenden zu teilen, kann hier unschlagbar günstig wohnen. Ein Upgrade lohnt sich allerdings: Die Kapitänskajüten bieten nicht nur deutlich mehr Platz, sondern neben edlem Retro-Dekor auch eigene Terrassen, die man sonst in Manhattan nur in Luxushotels findet. Im »Café Gitane« im Erdgeschoss gibt es französisch-marokkanische Küche, aber auch exzellentes Frühstück. Legendär sind auch die Partys im opulenten Jane Ballroom unter Palmen und Kronleuchtern.

»The Jane Hotel« · 113 Jane Street · New York, NY 10014 · Meatpacking District
Tel. 212/924 67 00 · www.thejanenyc.com · Subway A/C/E, L bis 14 Street

Hinter der Backsteinfassade der früheren Matrosenabsteige erwarten die Gäste heute Zimmer im Kajütenlook, ein schickes Bistro und viel Retro-Charme.

22 Ein Loft voll dunkler Erde

Wer die Galerieräume in der Wooster Street betritt, wird vom schweren, leicht modrigen Geruch feuchter Erde begrüßt. Und davon erwartet den Besucher jede Menge: Fast 200 Kubikmeter Erde füllen das Loft mehr als kniehoch, eine 40 Jahre alte Installation des Künstlers Walter De Maria.

SoHo, wo sich heute schicke Boutiquen aneinanderreihen und die Lofts fast unbezahlbar sind, war in den 1960er- und 70er-Jahren das Künstlerviertel der Stadt. Auf einem knappen Quadratkilometer drängten junge Kreative und bald auch Galeristen in die leer stehenden Gusseisenhäuser, einst Produktions- und Lagerstätten der Textilindustrie. Auch heute sind hier Galerien zu Hause, doch es herrscht nicht mehr der freie Geist des Experimentellen, des *anything goes*. Aber es gibt sie noch, die versteckten Überreste jener Ära. So hängt an der Haustür zur Wooster Street 141 ein kleines Schild, das darauf hinweist, dass hier der »New York Earth Room« zu finden ist. Wer klingelt, wird per Türsummer hereingelassen und steigt in den zweiten Stock hinauf. Dann: eine offene Tür, eine Glasbarriere, die sich auftürmende Erdmassen in Schach hält. 1977 füllte der Konzeptkünstler Walter De Maria diesen riesigen Raum mit 197 Kubikmetern Erde. Ursprünglich sollte die Installation nur drei Monate bleiben. Der Künstler starb 2013, aber sein »Earth Room« ist immer noch da, ein surrealer Ort, der Staunen hervorruft. Die tiefdunkle Erde ist noch dieselbe, die damals hier aufgeschüttet wurde. Jede Woche wird sie gesäubert, gerecht und gewässert. Der Kontrast zu den strahlend weißen Galeriewänden, der überwältigend erdige Geruch nach etwas Lebendigem – der Earth Room spricht alle Sinne an. Ob man vom Acker im Loft nun begeistert, abgestoßen oder einfach nur verwirrt ist, man wird wohl kaum je wieder etwas Ähnlichem begegnen.

Um die Ecke, am West Broadway, findet sich übrigens eine weitere Installation De Marias, »The Broken Kilometer«: 500 polierte Messingstangen liegen hier seit 1979 auf dem Boden, akkurat in fünf Reihen angeordnet. Was so fragil aussieht, wiegt mehr als 18 Tonnen.

»The New York Earth Room« · Mi–So 12–15, 15.30–18 Uhr · 141 Wooster Street New York, NY 10012 · SoHo · www.diaart.org · Subway N/Q/R/W bis Prince Street

Kuriositätenkabinett im Aufzug

23

Zum Vergleich: Sieben Millionen besuchen im Jahr das Metropolitan Museum, im Schnitt also mehr als 19 000 Besucher am Tag. Ins Mmuseumm passen dagegen gerade drei Personen gleichzeitig. Das kleinste und wahrscheinlich ungewöhnlichste Museum der Stadt ist in einem stillgelegten Aufzug zu Hause.

Wenn sich die rostigen Stahltore des ehemaligen Frachtenaufzugs am Wochenende wie bei einem Schrein öffnen, sind es meist verblüffte Zufallsbesucher, die im Vorbeigehen darauf aufmerksam werden und dem Museum einen Besuch abstatten. Außerhalb der Öffnungszeiten ist es leicht zu übersehen; nur kleine Fensterluken geben den Blick auf die aktuelle Ausstellung frei. Das exzentrische Minimuseum (ein zweites ist nebenan in einem Schaufenster eingerichtet) in einer etwas schmuddeligen Gasse in Tribeca ist ein modernes Kuriositätenkabinett. Die von hinten aufwendig beleuchteten Ausstellungsgegenstände, von denen jeder eine ungewöhnliche, aberwitzige Geschichte erzählt, wechseln von Jahr zu Jahr. Über den Anruf bei einer gebührenfreien Telefonnummer kann man sich Hintergrundinformationen zu den Objekten erzählen lassen. In der Vergangenheit zählten dazu ein in Bagdad auf Präsident Bush geworfener Schuh, der minutiös rekonstruierte Kleiderschrank der Mutter einer Künstlerin sowie persönliche Gegenstände, die illegale mexikanische Einwanderer bei ihrer Flucht durch die Wüste von Arizona verloren.

In New York tun mehr als 4000 Frachtaufzüge ihren Dienst – und knapp 70 000 Personenaufzüge. Somit ist das kleine Museum auch eine Erinnerung daran, dass es ohne Aufzüge New York, wie wir es heute kennen, nicht gäbe: Sie erst ermöglichten die himmelstrebenden Wolkenkratzer. Bereits 1857 wurde im gerade mal fünfstöckigen Haughwout Building der erste Personenaufzug eingebaut. Der Mini-Ausstellungsraum verkörpert aber auch die Quintessenz des New Yorker Lebens – hier wird jeder zur Verfügung stehende Quadratzentimeter ausgenutzt, um kreative Energie freizusetzen. Im Mmuseumm werden die Absurditäten und Banalitäten des modernen Lebens beleuchtet.

Mmuseumm · Sa–So 12–18 Uhr · 4 Cortlandt Alley · New York, NY 10013
Tribeca · www.mmuseumm.com · Subway 4/6 bis Canal Street

Vom edlen »Greenwich Hotel« bis zum angesagten »Tribeca Grill« hat Robert De Niro mit einem Händchen für Hotel- und Gastronomieprojekte dem Viertel neues Leben eingehaucht.

24

Der Pate von Tribeca

Bei Touristen steht Tribeca eher selten auf dem Programm. Dabei eignet sich das »Triangle Below Canal Street« für entspannte Spaziergänge und Restaurantbesuche. In den Lofts der alten Industriegebäude wohnen heute viele Prominente – einem von ihnen ist auch der beispiellose Aufschwung des Viertels zu verdanken.

In einer an Sehenswürdigkeiten so reichen Stadt wie New York hat Tribeca auf den ersten Blick wenig zu bieten. Aber während sich Besucher aus aller Welt eher im Finanzdistrikt, im hippen SoHo und im quirligen Chinatown tummeln, entdeckt man hier ein charmantes Viertel, dem man seine Vergangenheit als Zentrum der Textilindustrie ansieht. Die Straßen sind kopfsteingepflastert und nicht schnurgerade, die Gebäude nur selten höher als sechs Stockwerke. Viele der backsteinernen Industrie- und Lagerhäuser stammen aus dem späten 19. Jahrhundert. Nach dem Niedergang und Wegzug der Industrie aus Manhattan Mitte des 20. Jahrhunderts standen viele von ihnen leer, bis in den 1970er- und 80er-Jahren Künstler in den Lofts ihre Ateliers einrichteten. Undenkbar war es damals, dass sich Tribeca einmal zu einer der teuersten Wohngegenden Manhattans entwickeln würde.

Einer, der damals schon den Reiz des Viertels erkannte und sich hier in einem der typischen Lofts niederließ, ist der in New York geborene Schauspieler Robert De Niro, und er sorgte auch dafür, dass die Gegend neuen Aufschwung erfuhr. 1989 gründete De Niro hier seine Filmproduktionsfirma Tribeca Productions, und im Jahr darauf eröffnete er zusammen mit dem Gastronom Drew Nieporent das Edelrestaurant »Tribeca Grill«. Es folgte »Nobu Downtown«, zusammen mit Starkoch Nobu Matsuhisa, und plötzlich war Tribeca in aller Munde. Heute betreibt De Niro in Tribeca ein weiteres Restaurant, den Italiener »Locanda Verde«, und das schicke »Greenwich Hotel«. Und als es dem Viertel nach dem 11. September schlecht ging, rief De Niro 2012 das Tribeca Film Festival ins Leben und gab so einen neuen kulturellen und wirtschaftlichen Impuls. Mittlerweile ist dies eines der wichtigsten Filmfeste der Welt.

»Tribeca Grill« · 375 Greenwich Street · **»Locanda Verde«/»The Greenwich Hotel«** 377 Greenwich Street · **»Nobu Downtown«** · 195 Broadway · Subway A/C/E bis Canal Street

25

Austern mit Aussicht

So kann Sommer aussehen: An Deck eines alten Segelschiffes sitzen, das von den Wellen sanft geschaukelt wird, dazu ein Bier der Brooklyn Brewery, eine Portion frische Austern und dazu das unglaubliche Panorama von Lower Manhattan. In den Sommermonaten liegt der alte Schoner »Sherman Zwicker« aus den 1940-Jahren am Pier 25 in Chelsea und verwandelt sich in die angesagte »Grand Banks«-Austernbar. Man sitzt entweder an der Bar in der Mitte des Zweimasters oder an Tischen an Deck – die Aussicht ist in jedem Fall grandios, die Stimmung entspannt, und die Meeresfrüchte sind lecker, wenn auch sehr teuer. Schwesterschiff »Pilot Brooklyn« liegt am Pier 6 im Brooklyn Brigde Park vor Anker.

»Grand Banks« · Mai–Okt. Mo, Di 15–24, Mi–Fr 12–24, Sa, So 11–24 Uhr
Hudson River Park Pier 25 · New York, NY 10013 · Tribeca
www.grandbanks.org · Subway 1 bis Franklin Street

26

Was tun, wenn's brennt?

Es ist schon ein Spektakel, wenn sich ein rot- und chromblitzender Löschzug der New Yorker Feuerwehr mit Sirenengeheul seinen Weg durch die verstopften Straßen bahnt. Viel Spannendes und Sehenswertes zur Geschichte der Brandbekämpfung gibt es im Fire Museum zu sehen, das in einer alten Feuerwache in SoHo untergebracht ist. Von pferdebespannten Spritzenwagen und der ältesten dampfbetriebenen Wasserspritze Amerikas aus dem späten 18. Jahrhundert bis zu hochmodernem Gerät kommen Interessierte hier auf zwei Stockwerken ganz auf ihre Kosten. Selbst echte Helme und Ausrüstungen dürfen anprobiert werden – perfekt für das Erinnerungsfoto.

New York City Fire Museum · Di–So 10–17 Uhr · 278 Spring Street
New York, NY 10013 · Nolita · Tel. 212/691 13 03
www.nycfiremuseum.org · Subway A/C/E bis Spring Street

Vor der Wolkenkratzerkulisse von New York schlürft man an Deck stilvoll Austern.

Hier ist für jedes Leckermäulchen was dabei: Bei »Rice to Riches« schwelgt man in Milchreis in vielen verschiedenen Sorten, garniert mit allerlei Extras.

Milchreis – was sonst?

Erwachsene Menschen, die große Schüsseln voller Milchreis in sich hineinlöffeln, ein seliges Lächeln auf dem Gesicht: zu beobachten bei »Rice to Riches«, einem ausschließlich auf Milchreis spezialisierten Lokal in SoHo.

Nur in einer so dicht besiedelten und innovativen Stadt wie New York, in der die Menschen stets auf der Suche nach Neuem sind, gibt es auch einen Markt für Nischenrestaurants, die sich auf ein einziges Gericht spezialisiert haben. Besonders gut scheint dieser Trend in der Kategorie *comfort food* zu funktionieren, also mit Gerichten, die von innen heraus wärmen und stärken und Kindheitserinnerungen wecken. Und was könnte da besser passen als Milchreis? In »Rice to Riches« gibt es nichts anderes als eben jenen bei vielen Amerikanern seit Kindertagen heiß geliebten *rice pudding*. Man mag den Kopf schütteln angesichts dieser verwegenen Geschäftsidee, doch das Konzept hat schon seit 2003 Erfolg, und das ist in der schnelllebigen New Yorker Gastronomieszene eine halbe Ewigkeit.

So nostalgisch das Essen, so futuristisch die Kulisse. Inmitten der historischen Fassaden von SoHo leuchtet das strahlend weiße Lokal mit dem riesigen ovalen Schaufenster wie ein punktgenau gelandetes UFO. Auch die eigens angefertigten, mikrowellengeeigneten, bunten Plastikbehälter wirken wie kleine UFOs, es gibt sie von der Single-Portion bis hin zur überdimensionierten Schüssel »Moby«, in die mehr als zwei Kilo Milchreis passen. Die etwa 20 Sorten des Tages sind in der raumbeherrschenden, halbrunden Theke wie in einer Eisdiele ausgestellt. Hinter den witzigen Namen verbergen sich leckere Kombinationen: »Sex, Drugs and Rocky Road« ist beispielsweise Schokomilchreis mit Mini-Marshmallows und gebrannten Mandeln. Im Sommer lockt »Waltz of the Wild Berries« mit frischen Beeren, im Herbst »Secret Life of Pumpkin« mit den typischen Pumpkin-Pie-Gewürzen Zimt, Muskat, Ingwer, Anis und braunem Zucker, und im Winter »Gingerbread Joyride« mit viel Zimt und Lebkuchenstückchen. Oder man nimmt einfach nur den klassischen Milchreis mit viel Zimt und Zucker.

»Rice to Riches« · 37 Spring Street · New York, NY 10012 · SoHo
Tel. 212/274 00 08 · www.ricetoriches.com · Subway 4/6 bis Spring Street

28 Das Geisterhaus vom East Village

Einst säumten zahlreiche elegante Reihenhäuser wie das der Familie Tredwell die Fourth Street im East Village. Heute ist es New York Citys letztes komplett erhaltenes Familienwohnhaus aus dem 19. Jahrhundert. Neben Geschichtsfans kommen auch Geisterfreunde im Merchant's House Museum auf ihre Kosten.

1835 kaufte Seabury Tredwell, ein wohlhabender Eisenwarenhändler, das drei Jahre alte Haus für 18000 Dollar und zog mit Frau Eliza und den sieben Kindern in die damals angesagte großbürgerliche Gegend. Die jüngste Tochter Gertrude kam 1840 hier zur Welt, und als sie 1933 verstarb, war sie die letzte der Familie, die hier lebte. Glücklicherweise ließ ein Cousin das Haus nur drei Jahre später als Museum eröffnen. Wie in einer Zeitkapsel sind Architektur, Mobiliar und persönliche Gegenstände der Familie erhalten geblieben, und so gibt das Haus heute einen Einblick in das Leben einer reichen New Yorker Kaufmannsfamilie im 19. Jahrhundert. Hinter der eher schlichten Ziegelfassade erwarten den Besucher Salons mit üppigen Stuckdecken und schweren Seidenvorhängen, offenen Marmorkaminen und Gaskronleuchtern. In den Schränken finden sich Spitzenhäubchen, handbestickte Kleider und Satinschuhe. Im Dienstbotentrakt weht ein Hauch von »Downton Abbey«.

Es ist, als lebte die Familie noch immer hier – und viele glauben das auch. Nicht nur die eher zurückhaltende »New York Times« hat das Haus als »Manhattan's most haunted house« bezeichnet, also als Spukhaus Nummer eins. Schon kurz nach Gertrude Tredwells Tod berichteten Museumsmitarbeiter und -besucher über allerlei paranormale Aktivitäten, und das hat in den letzten 80 Jahren nicht nachgelassen – Stimmen, Schritte, Klaviermusik, seltsame Gerüche, unsichtbare Berührungen. Auch Vater Seabury und vor allem Tochter Gertrude sollen schon einigen begegnet sein. Das Museum bietet regelmäßig Geisterführungen bei Kerzenschein an (von Januar bis Juli immer am dritten Freitag des Monats). Wer auf der Treppe eine Dame in altertümlicher Kleidung trifft, sollte höflich grüßen – und sich dann erst gruseln.

Merchant's House Museum · Do–Mo 12–17 Uhr · 29 East 4th Street · New York, NY 10003
East Village · Tel. 212/777 10 89 · www.merchantshouse.org · Subway 4/6 bis Astor Place

Im Wohnzimmer des vornehmen Hauses liegt noch die Zeitung auf dem Sofa,
so als hätte die Familie Tredwell nur eben mal das Zimmer verlassen.

Hat man den Eingang in diese Hinterzimmerbar erst mal gefunden, genießt man unter den wachsamen Augen einiger ausgestopfter Tiere erstklassige Drinks und Hotdogs.

Pst, nicht verraten!

»PDT« ist der Name einer versteckten Bar am St. Marks Place, dem Herz des Kneipenviertels East Village. Die Abkürzung steht für »Please Don't Tell« – bitte nicht weitersagen. Der Name ist Programm, denn die Bar steht in der Tradition der geheimen Flüsterkneipen der Prohibitionszeit.

13 Jahre lang, von 1920 bis 1933, herrschte in den USA die Prohibition: Herstellung, Transport und Verkauf von Alkohol waren verboten. Es war der wohlmeinende Versuch, das Land moralisch und körperlich erstarken zu lassen. Mit der Durchsetzung freilich haperte es. Dafür blühte in der Folge das organisierte Verbrechen, und die Amerikaner stillten ihren Alkoholdurst in sogenannten »Speakeasies«. Stolze 30 000 dieser illegalen Flüsterkneipen soll es in den 1920er-Jahren allein in New York gegeben haben, obwohl der hochprozentige Alkohol meist miserabel zusammengepanscht war. Was damals aus der Not geboren wurde, ist heute Kult: Hinterzimmerbars, die nur Eingeweihte finden, sind in.

Vorreiter dieses Trends und seit mehr als zehn Jahren angesagt ist »PDT«. Das mag daran liegen, dass die Drinks im Gegensatz zu den Flüsterkneipen der Prohibitionszeit einfach exzellent sind. Aber natürlich ist es in erster Linie das Ambiente, die Aura des Geheimnisvollen, die diese von den vielen ausgezeichneten Cocktailbars der Stadt unterscheidet. Wer würde schon im Hinterzimmer der Hotdog-Bude »Crifdogs« eine coole Bar vermuten? Eingeweihte steuern schnurstracks die schmale, hölzerne Telefonzelle hinten im Schnellimbiss an. Hörer abnehmen, Nummer wählen und anmelden. Wer vorab reserviert hat (oder an einem Wochentag ganz früh kommt), für den öffnet sich die Tür zu einer schummrigen kleinen Bar, in der erstklassige Cocktails gemixt werden. Dazu gibt es eine Auswahl feiner Hotdogs, die über eine winzige Durchreiche aus dem »Crifdogs« kommen. Einige ausgefallene Hotdog-Kreationen wurden sogar von berühmten New Yorker Köchen speziell für die Bar entworfen. Kein Wunder, dass »PDT« längst kein Geheimnis mehr ist – Spaß macht es trotzdem.

»PDT« · tägl. 18–2 Uhr · 113 St. Marks Place · New York, NY 10009 · East Village
Tel. 212/6140386 · www.pdtnyc.com · Subway L bis 1 Avenue oder 4/6 bis Astor Place

30 Zum Anbeißen – Knuspriges »by the slice«

Pizza ist das typische New Yorker Essen – einst von Einwanderern kreiert, wird sie heute von praktisch jedermann gegessen und heiß geliebt. Denn, wie heißt es in New York: Wenn Pizza gut ist, ist sie wirklich gut; und selbst wenn sie schlecht ist, ist sie immer noch ziemlich gut.

Die New Yorker Pizza hat ihren Ursprung auf der Lower East Side, wo sich Ende des 19. Jahrhunderts zahlreiche italienische Einwanderer niederließen. Viele arbeiteten damals als Bäcker und begannen damit, aus dem Teigrest sogenannte *tomato pies* in die vom morgendlichen Brotbacken noch heißen Öfen zu schieben. Die Tomatenfladen waren ideal als preiswerte und praktische Mahlzeit für Arbeiter. In mehr als einem Jahrhundert hat sich daran nicht viel geändert – nur dass Pizza längst kein Nebengeschäft mehr ist. Die klassische, dünne New Yorker Pizza erinnert an eine übergroße neapolitanische – kein Wunder, kamen doch viele der ursprünglichen Einwanderer aus Neapel. Etwa 45 Zentimeter misst eine solche Pizza und lässt sich in acht große Stücke teilen. Daneben findet man aber oft auch noch dicke, in kleine Rechtecke geschnittene »Sicilian slices«, die an Focaccia erinnern.

Die älteste Pizzeria in New York – und in Amerika! – ist »Lombardi's« in Little Italy, wo die Pizza seit 1905 fast unverändert gebacken wird. Nur drei bis vier Minuten sind die Pizzen im riesigen Kohleofen, der Temperaturen von 480 Grad erreicht. Die klassische Lombardi's-Pizza ist dünn und knusprig, auf der milden Tomatensoße aus ungekochten Tomaten sind große Flecken geschmolzener Mozzarella und frischer Basilikum – köstlich! Ganz anders, aber nicht minder lecker, ist sie bei »Joe's« im Greenwich Village. Pino »Joe« Pozzuoli aus Neapel eröffnete 1975 die winzige Pizzeria mit kleinem Gasofen. Noch heute ist sie besonders beliebt für den *slice to go*, den man dann am nahen Father Demo Square essen kann. Die Stücke sind riesig, die gekochte Tomatensoße ist pikant, die Kruste kusprig und der geriebene Mozzarella zu einer dicken Käseschicht geschmolzen. So muss richtig gute Pizza schmecken!

»Lombardi's Pizza« · 32 Spring Street · Tel. 212/941 79 94 · www.firstpizza.com
»Joe's Pizza« · 7 Carmine Street · Tel. 212/366 11 82 · www.joespizzanyc.com

Pizza zum Mitnehmen gibt es an jeder Ecke, bei »Joe's« ist es eine der besten.

Memento mori – im Evolution Store gibt es allerlei Morbides und Skurriles.

31

Kuriositätenkabinett

Klar kann man auch eine Schneekugel mit dem Empire State Building oder ein T-Shirt mit dem Aufdruck »I love NY« mit nach Hause bringen. Wer aber auf der Suche nach einem etwas originellerem Souvenir ist oder mal durch einen Laden der ganz anderen Art stöbern möchte, ist hier genau richtig.

Als »Händler für Geschenke und Wohndekor« bezeichnet sich The Evolution Store selbst. Diese zurückhaltende Beschreibung würde auch für ein Mainstream-Wohngeschäft passen. Dass dies aber beileibe kein gewöhnlicher Laden ist, zeigt schon das einladend vor der Tür positionierte menschliche Skelett – da Wind und Wetter den einst echten Knochen nicht bekamen, ist es heute nur noch eine Kopie. Drinnen wartet eine wahre Wunderkammer naturkundlicher Raritäten: Dicht an dicht reihen sich hier farbenprächtige Schmetterlinge in Rahmen an riesige Käfer und Skorpione, in Acryl erstarrt, daneben bizarr gedrehte Hörner und Geweihe, glitzernde Quarzdrusen, Fossilien und natürlich jede Menge Skelette, Schädel und ausgestopfte Tiere.

The Evolution Store ist seit mehr als 20 Jahren ein Geheimtipp für Menschen, die sich für Außergewöhnliches begeistern und beim Anblick von Knochen und Tierpräparaten nicht schaudern. Da sie ihre Objekte von anerkannten Anthropologen, Paläontologen und Tierpräparatoren beziehen, die auch die großen Museen bedienen, sind hier äußerst hochwertige Stücke zu finden. Auch Filmproduktionsfirmen und Künstler wie Damien Hirst kaufen hier ein. Ob man es nun reizvoll oder morbid findet: So manche Naturkundeausstellung kann da einpacken. Und anders als im Museum machen die kunterbunte Mischung und die Skurrilitäten den besonderen Reiz aus, ebenso natürlich die Tatsache, dass alles zu verkaufen ist. Man sollte sich freilich gut überlegen, ob der Zollbeamte daheim etwas gegen die Einfuhr so mancher Rarität hat – zumindest der Verkauf in New York ist legal. Und wo sonst findet man für ein paar Dollar Waschbärpenisknochen oder Lutscher mit kandierten Skorpionen? Garantiert ein Highlight auf der nächsten Halloweenparty!

The Evolution Store · tägl. 11–20 Uhr · 687 Broadway · New York, NY 10012
Greenwich Village · Tel. 212/343 11 14 · www.theevolutionstore.com
Subway B/D/F/M bis Broadway-Lafayette Street

32

Grüne Oase im Greenwich Village

Mehr als 11 000 Hektar (113 km²) Grünflächen soll es in New York City geben. Trotzdem sind die grünen Rückzugspunkte in manchen Stadtteilen rar. Vielleicht liegt es aber auch nur daran, dass einige gar nicht so leicht zu finden sind – wie die wunderbaren Gärten der Kirche St. Luke in the Fields.

Über zwei Häuserblocks erstreckt sich das einzigartige Refugium im Greenwich Village, umgeben von hohen Ziegelmauern. Diese Mauern halten nicht nur den Lärm der Straße fern, sie schaffen auch ein geschütztes Mikroklima für die hier lebenden Tiere und Pflanzen. Hunde, Handys, Fahrräder, Zigaretten – all das ist hier verboten. Es ist ein Ort der Stille, an dem man plötzlich Geräusche wie Vogelgezwitscher und das Rascheln von Blättern im Wind wahrnimmt, die sonst von der New Yorker Geräuschkulisse geschluckt werden.

Die Kirche St. Luke in the Fields wurde 1821 auf einem Stück Ackerland errichtet. Die Gegend diente im frühen 19. Jahrhundert vielen Menschen als Zufluchtsort vor den Epidemien, die in der wachsenden Großstadt grassierten. Und so sollte auch der Name der neuen Kirche ländliche Zurückgezogenheit vermitteln. Erstaunlicherweise findet man auch fast zwei Jahrhunderte später, in denen die kleine Kirche mit dem eckigen Turm längst von der lauten Stadt umzingelt wurde, in den Gärten von St. Luke's diese Ruhe und Abgeschiedenheit. Außerhalb der Backsteinmauern ragen die Häuser der Stadt auf, doch hier drinnen scheinen die Uhren langsamer zu ticken, und die Vögel, Schmetterlinge und Insekten sind den menschlichen Besuchern zahlenmäßig weit überlegen. Der Barrow Street Garden ist recht formell im englischen Stil gehalten. In seiner Mitte steht ein Gelbholzbaum, von dem strahlenförmig Wege ausgehen, von Bänken gesäumt. Im Rectory Garden, dem alten Pfarrgarten mit seinen schönen Rosen, laden schmiedeeiserne Stühle und Tische auf einer Klinkerterrasse zum Verweilen ein.

Jetzt fehlt zum Glück nur noch ein Kaffee. »Blackstone Coffee Roaster« (502 Hudson Street) ist keine 200 Meter entfernt. Unbedingt die Scones probieren!

Church of St. Luke in the Fields Gardens · Mo–Sa 8 bis zur Dämmerung, So 8–17 Uhr
487 Hudson Street · New York, NY 10014 · Greenwich Village
www.stlukeinthefields.org · Subway 1 bis Christopher Street

Im Garten von St. Luke in the Fields lässt man sich gerne nieder.
Es ist ein Ort der Ruhe inmitten des quirligen Greenwich Village.

Guter italienischer Kaffee ist in Little Italy Ehrensache.
Viele pilgern für ihren Espresso oder Cappuccino ins 90 Jahre alte »Caffe Reggio«.

33 Zeit für Espresso

New York ist eine Kaffee-Stadt, sogar in historischer Hinsicht: Als man im kolonialen Amerika nach britischer Tradition Tee trank (und wegen der überhöhten Tee-Steuern mit dem Mutterland in Streit geriet), wurde »Nieuw Amsterdam« schon seit 1660 mit Kaffee aus niederländischen Kolonien versorgt. Das prägt.

Der schnelle Takt des Lebens in New York, die Stadt, die niemals schläft – das geht nur mit ständigem Kaffeekonsum. Rund um die Uhr gibt es in den Diners den amerikanischen *drip coffee*, preisgünstig und Nachschenken ohne Ende. Die Tasse hat keinen Boden, sagt man hier dazu. Nach der dritten Tasse will aber auch der Abgebrühteste nicht noch mehr von der dünnen Suppe. Doch New York wäre nicht New York, wenn nicht schon lange auch Kaffee in bester italienischer Qualität zu haben wäre. Den Anfang machte Domenico Parisi, der 1927 sein »Caffe Reggio« im Greenwich Village eröffnete. Das gibt es heute noch; die erste italienische Espressomaschine in Amerika, Baujahr 1902, ist dort noch zu besichtigen, Gäste sitzen auf einer Bank aus einem Florentiner Palazzo und blicken auf ein Gemälde aus der Schule von Caravaggio, wenn sie ihren Cappuccino genießen.

Für die Expansion von »Starbucks« war New York die größte Herausforderung: Als die Kaffeekette von der Westküste in den frühen 1990er-Jahren hierher kam, wollte man klotzen, nicht kleckern, und eröffnete gleich mal 100 Filialen – als es weltweit nur 300 gab. Die Beziehung zu den New Yorkern wurde aber nie so richtig eng. Gefühlt gibt es zwar an jeder Ecke einen »Starbucks«, aber der zuckrige »Mocha Frappuccino« ist dann doch nicht jedermanns Sache. New York will keine großen Ketten, sondern feine, kleine Spezialisten, wenn es um den geliebten Kaffee geht. Vor allem im Financial District wird die anspruchsvolle Kundschaft zu hohen Preisen mit bester Qualität versorgt. Wie wäre es zum Beispiel mit »Black Fox«, gleich an der Wall Street – Motto »good luck out there« – oder den »PROOF Coffee Roasters«, die mit bislang drei Filialen großen Erfolg haben – geröstet werden die Bohnen in Brooklyn.

»Caffe Reggio« · 119 Macdougal Street · www.caffereggio.com
»Black Fox Coffee« · 70 Pine Street · www.blackfoxcoffee.com
»PROOF Coffee Roasters« · 65 Nassau Street · www.proof.coffee

34 Edel-Naschmarkt mit Industriecharme

Hier geht sicher keiner hungrig raus: In einer ehemaligen Keksfabrik ist der Chelsea Market untergebracht, eine Markthalle mit zahlreichen Restaurants und Läden, in denen man sich perfekt für ein Picknick auf der nahe gelegenen High Line eindecken kann.

Vor mehr als hundert Jahren wurde hier Geschichte geschrieben: Im April 1912 brachte die National Biscuit Company den mittlerweile weltberühmten Oreo-Keks heraus – einen runden Schokoladen-Doppeldecker mit Cremefüllung. 1890 hatten sich acht lokale Bäckereien zur New York Biscuit Company vereinigt und hier im heutigen West Chelsea, entlang der 10. Avenue, zwischen 15. und 16. Straße, eine riesige Fabrik errichtet. Nur acht Jahre später schloss man sich mit dem größten Rivalen aus Chicago zur National Biscuit Company, kurz Nabisco, zusammen, und der Bäckereikomplex wurde bis hinüber zur 9. Avenue erweitert. Die Hälfte aller Kekse in den USA rollten nun aus den Nabisco-Öfen, darunter die bis heute beliebten Vanilla Wafers, Fig Newtons, Saltines, Barnum's Animal Crackers und ab 1912 eben auch die schwarz-weißen Oreos.

Ende der 50er-Jahre gingen die Öfen in West Chelsea aus, doch das riesige Backsteingebäude blieb zum Glück erhalten. Die ehemalige Fabrik wurde vor 15 Jahren zu einer großen Markthalle umfunktioniert. Überreste des alten Nabisco-Erbes sind noch heute überall zu finden – etwa im eleganten »NBC«-Mosaik-Monogramm, in der Kupferplakette am Eingang oder in einer Vitrine, in der alte Keksdosen ausgestellt sind. Industriecharme herrscht auch überall in den sich windenden Gängen mit den rauen Backsteinmauern und frei liegenden Metallrohren. Rechts und links sind mehr als 50 Cafés, Restaurants und Feinkostgeschäfte untergebracht. Hier kann man sich etwa bei »Num Pang« ein kambodschanisches Sandwich holen, bei »Amy's Bread« auf einen Muffin vorbeischauen oder bei »Friedman's« einen Burger essen. Nicht verpassen: die besten Tacos der Stadt von »Los Tacos No. 1«. Selbst eine Berliner Currywurst bekommt man hier. So gestärkt oder mit einer Brotzeit ausgestattet erklimmt man dann die nahe High Line (siehe S. 73).

Chelsea Market · Mo–Sa 7–21, So 8–20 Uhr · 75 Ninth Avenue
New York, NY 10011 · Chelsea · Subway A/C/E, L bis 14 Street

Von der »Chelsea Wine Lounge« bis zum echt mexikanischen »Los Tacos No. 1«:
Der Chelsea Market verströmt alten Fabrikcharme.

BIENVENIDOS
ORDER HERE!
TACOS/TOSTADAS
CARNE ASADA $3.75
POLLO ASADO $3.50
ADOBADA $3.50
NOPAL $3.25
QUESADILLAS/MULAS
CARNE ASADA $4.75
POLLO ASADO $4.50
ADOBADA $4.50
NOPAL $4.25
ESPECIAL $5.75
ON A PLATE
NOPAL PLATE COMES W/ CACTUS, BEANS, CHEESE $7. *ADD MEAT $1.
AGUAS
TAMARINDO
JAMAICA
HORCHATA
DELICIOUS TACOS
Coca-Cola
Coca-Cola

Im Modemuseum des Fashion Institute of Technology werden Kreationen von berühmten Modemachern ebenso wie von Studenten der Modeschule ausgestellt.

35

Auf Tuchfühlung mit Modewelten

Bildende Kunst ist manchmal schwer verdauliche Kost. Modethemen dagegen sprechen viele an, sind sie doch fester Bestandteil unseres Alltags und unseres Designkanons. In New York können Fashionistas nicht nur ausgiebig shoppen, sondern auch in mehreren Museen ihrer Leidenschaft nachgehen.

Ausstellungen zu Modethemen zählen zu den Publikumsmagneten unserer Zeit, spätestens seit ausgerechnet im ehrwürdigen Metropolitan Museum of Art die Blockbuster-Ausstellung »Savage Beauty« über Alexander McQueen 2011, also nur ein Jahr nach dessen Tod, Rekordbesucherzahlen verzeichnete. Das »Met« hat sich seitdem mit großem Erfolg weiteren Modethemen gewidmet, etwa 2017 in einer viel beachteten Ausstellung über die Modemacherin Rei Kawakubo und ihr Label Comme des Garçons. Aber auch jenseits solcher Sonderausstellungen kann das »Met« mit seinem nach der »Vogue«-Chefin benannten Anna Wintour Costume Center und der dort präsentierten Dauerausstellung in Sachen Mode punkten. Die Bedeutung seiner Sammlung ist spätestens 2009 auf Weltniveau angekommen, als das Brooklyn Museum seine riesigen Modebestände wegen Platzmangel dem »Met« vermachte.

Doch nicht nur das Metropolitan Museum gilt auf dem Gebiet der Modegeschichte als federführend. Auch das kleine Museum im berühmten Fashion Institute of Technology in Chelsea beeindruckt mit einer wahrhaft enzyklopädischen Sammlung. Seit den 1960er-Jahren wurden hier mehrere Zehntausend Textilien, Kleidungsstücke, Schuhe und Accessoires aus dem 18. bis 21. Jahrhundert zusammengetragen, von denen natürlich nur ein kleiner Teil ausgestellt ist. Auf drei Etagen werden Entwürfe von Designern wie Chanel, Dior und Balenciaga gezeigt, aber auch von Newcomern und Studenten des Modeinstituts – manches durchaus tragbar, anderes spektakulär und aufregend anders, manches aus gutem Grund im Museum. Sonderausstellungen widmen sich den unterschiedlichsten Themen, etwa dem Einfluss von Uniformen, Natur oder Märchen auf die Mode. Das Beste: Der Eintritt ist immer kostenlos.

Museum at the Fashion Institute of Technology · Di–Fr 12–20, Sa 10–17 Uhr
227 West 27th Street · New York, NY 10001 · Chelsea · Tel. 212/217 45 58
www.fitnyc.edu/museum · Subway 1 bis 28 Street

36

Von Barneys zu Buddha

Als einziges Museum in der westlichen Welt widmet sich das Rubin Museum ausschließlich der Kunst des Himalaja. Eine Filiale des Nobelkaufhauses Barneys wurde vom Konsumtempel in ein intimes Kunstkabinett verwandelt, in dem die herrliche Sammlung von Donald und Shelly Rubin ein Zuhause gefunden hat.

An der Kreuzung von 17th Street und 7th Avenue im Herzen von Chelsea herrscht geschäftiges Treiben, aber wer den Eingangsbereich des Rubin Museums mit den sanft gewellten, kupferverkleideten Wänden betritt, wird von einer Atmosphäre der Ruhe empfangen, die auf die besinnliche Welt der tibetischen Kunst vorbereitet. Wie Mandalas sind die Galerieräume um eine sechsstöckige Wendeltreppe aus Stahl und Marmor angeordnet, über die sich ein gewaltiges ovales Oberlicht spannt. Einst war diese Treppe im Art-déco-Stil das Herzstück des Modetempels Barneys, wo man von der Lingerie- in die Schuhabteilung eilte. Heute schreitet man hier weitaus bedächtiger auf spirituelleren Pfaden, während man buddhistische Rollbilder, Tanzmasken aus Tibet oder Tempelskulpturen aus Nepal bewundert. Zeitgenössische Kunst und Fotografie aus dem Himalaja ergänzen die Objekte aus dem 14. bis 19. Jahrhundert.

Zusammengetragen haben diese einzigartige Sammlung über einen Zeitraum von 30 Jahren der Unternehmer Donald Rubin und seine Frau Shelly, die sich weniger als Experten denn als Enthusiasten verstehen. Ihre persönliche Begeisterung für die Kunst einer Region, die den meisten westlichen Museumsbesuchern eher unbekannt ist, wird auch im Rubin Museum deutlich. Über themenbezogene Ausstellungen nähert man sich der Kunst aus Tibet, Bhutan und Nepal an, mit Abstechern nach Pakistan, Afghanistan, China, der Mongolei und Indien. Lupen in den Galerien laden dazu ein, die detailreichen Szenen näher in Augenschein zu nehmen. Nach dem Museumsbesuch lockt im »Café Serai« feine Himalaja-Küche, freitagabends verwandelt es sich bei kostenlosem Museumseintritt in die coole »K2 Lounge«, wo zu Wein, Cocktails und asiatischen Tapas ein DJ auflegt.

Rubin Museum of Art · Mo, Do 11–17, Mi 11–21, Fr 11–22, Sa, So 11–18 Uhr
150 West 17th Street · New York, NY 10011 · Chelsea · Tel. 212/620 50 00
www.rmanyc.org · Subway 1/2 bis 18 Street

Wo einst die spektakuläre Wendeltreppe durch das Modekaufhaus Barneys führte, schreiten heute Museumsbesucher dem Nirvana entgegen.

In Höhe des dritten Stocks, zwischen Wildblumen, Birken und den alten Gleistrassen, entdeckt man die Stadt aus einer ganz neuen Perspektive.

37

Flaniermeile auf Stelzen

Wo einst Güterzüge über die hochgelegten Gleise auf Manhattans Westseite rumpelten, ist auf dem alten Stahlviadukt ein einzigartiger Park in luftiger Höhe entstanden. Vielerorts sind die Schienen der High Line geblieben, doch dazwischen grünt und blüht es auf New Yorks beliebtester Flaniermeile.

In nur wenigen Jahren wurde der auf einer alten Hochbahntrasse errichtete Park zu einer der beliebtesten Attraktionen der Stadt. Wenn man die mal aus einem neuen Blickwinkel betrachten möchte, kommt man an diesem wohl ungewöhnlichsten Grünstreifen nicht vorbei. In etwa neun Meter Höhe verlaufen die alten Gleistrassen und schlängeln sich 2,5 Kilometer durch die Stadt – vom Meatpacking District durch Chelsea hinauf nach Hell's Kitchen, wo sie an den Hudson Yards enden. Anfang der 1930er-Jahre baute man die Stahlkonstruktion, damit die Güterzüge ihre Waren, vor allem Fleisch aus dem Schlachthofviertel, direkt in die Lagerhäuser und Fabriken liefern konnten. 1980 fuhr der letzte Zug, nachdem Lastwagen der Eisenbahn die Arbeit abgenommen hatten. Die Bahntrasse verfiel und sollte abgerissen werden – doch so, wie sich auch das umliegende Meatpacking District plötzlich wandelte und zum In-Viertel wurde, entdeckte man dank der Initiative »Friends of the High Line« auch das Potenzial der rostigen Hochbahnlinie. Und dadurch ist hier eine ganz neue Art von Park entstanden, eine Promenade, auf der man in luftiger Höhe zwischen den Häusern hindurchflaniert – mittendrin und doch abgehoben. In die Bepflanzung mit Wildblumen und -gräsern wurden Relikte der Gleise integriert. Hölzerne Stege führen durch das Areal, dazwischen Ruhebänke, Kunstinstallationen, Eis- und Imbissstände. Und natürlich immer wieder großartige Ausblicke auf die Skyline, den Hudson und New Jersey am anderen Ufer. Wer die High Line nicht mit den Massen teilen möchte, sollte früh am Tag kommen und die Wochenenden meiden.

Schöner als die glitzernden Lichter der Stadt sind nur die Sterne darüber. Von April bis Oktober kann man auf der High Line dienstags mit Teleskopen in den Himmel gucken.

The High Line · Dez.–März 7–19, April, Mai, Okt., Nov. 7–22, Juni–Sept. 7–21 Uhr
www.thehighline.org · Gansevoort Street bis Hudson Yards/34th Street

38 Cornflakes rund um die Uhr

Viele Besucher landen früher oder später in den übervollen Flagshipstores der Süßigkeiten-Giganten M&M oder Hershey's am Times Square. Aber es geht auch viel gemütlicher: mit einer ganz individuell zusammengestellten Schüssel Cornflakes im »Kellogg's Café«. Was darf es denn sein?

John Harvey Kellogg würde sich vermutlich im Grabe herumdrehen. Der Arzt und Erfinder der gleichnamigen Cornflakes verordnete den Patienten seines Sanatoriums im späten 19. Jahrhundert eine magere, strikt vegetarische Kost. Die knusprigen Weizenflocken wurden damals nur mit einer Prise Salz gegessen. Der Gesundheitsapostel hätte sich bestimmt nicht träumen lassen, welch üppige Zusammenstellungen aus gezuckerten Frühstücksflocken und allerlei Garnierungen es einmal im »Kellogg's Café« am Union Square geben würde. Hier kann man – natürlich nicht nur zum Frühstück – aus einer umfangreichen Liste Cornflakes-Kreationen auswählen, die eher wie Desserts klingen. Wie wäre es zum Beispiel mit »Bananas Foster«? Auf die Cornflakes kommen in Rum eingelegte Bananenscheiben, Cashewnüsse und Cajeta-Sirup aus karamellisierter Ziegenmilch. Oder »Kumquatlife«: mit Chocolate Frosted Flakes, kandierten Kumquats, gerösteten Kürbiskernen und dazu Kardamomjoghurt? Natürlich gibt es auch eine DIY-Bar, an der man sich seine eigene Schüssel mit einer ganz individuellen Auswahl an Flocken und an die 30 verschiedenen Toppings, von Marshmallows über Matcha-Pulver bis hin zu frischen Beeren, zusammenstellen kann. Und bevor die einzigartige Komposition matschig wird, kann man sie schnell noch in der eigenen Instagram-Ecke gekonnt in Szene setzen und gleich auf Instagram posten. Willkommen im 21. Jahrhundert!

Dafür geht es im loftartigen Café mit Wohnzimmeratmosphäre und riesiger Fensterfront mit Blick über den Union Square ansonsten sehr analog und behaglich zu. Kuschelige Sessel und jede Menge Brett- und Kartenspiele laden zum Lümmeln ein, ganz so, wie man es sich vielleicht im heimischen Wohnzimmer mit einer Schüssel Cornflakes gemütlich machen würde.

»Kellogg's NYC« · Mo–Fr 8–18, Sa 9–18, So 10–16 Uhr · 31 East 17th Street · New York, NY 10010
www.kelloggsnyc.com · Subway 4/5/6, L, N/Q/R/W bis 14 Street-Union Square

Im »Kellogg's Café« haben Frühstücksflockenfreunde die Qual der Wahl.

39 Hofladen im Häusermeer

Natürlich gibt es in New York jede Menge Supermärkte, in denen man zu jeder Jahres-, Tages- und Nachtzeit frisch poliertes und gut sortiertes Obst und Gemüse kaufen kann. Aber es geht doch nichts über einen Wochenmarkt, wo auch die Großstädter das Gefühl haben, kurz auf dem Land zu sein.

Wenn sich auf dem Markt dicke Bündel grüner Spargel stapeln, wissen die New Yorker, dass der Frühling Einzug hält. Wenn die Erdbeeren rot und süß duftend in ihren Schälchen liegen, darf man sicher sein, dass der Sommer nicht mehr weit ist. Und später im Jahr läuten dann Berge rotbackiger Äpfel den Herbst ein. Ganz nah dran zu sein an der Natur, dieses Gefühl bekommt man hier. Allein in Manhattan gibt es etwa ein Dutzend *greenmarkets*, an verschiedenen Tagen und unterschiedlichen Orten, etwa im Schatten der Vereinten Nationen auf der Dag Hammarskjold Plaza, im Hafengebäude der Staten Island Fähre, am Campus der Columbia Universität oder am Tompkins Square im East Village.

Am bekanntesten ist der Markt am Union Square, wo an gleich vier Tagen der Woche – Montag, Mittwoch, Freitag und Samstag – nach Herzenslust geschnuppert, probiert und eingekauft werden kann. Seit Mitte der 1970er-Jahre gibt es diesen Bauernmarkt. Anfangs waren es gerade mal eine Handvoll Stände, an denen Farmer aus dem Umland ihre Waren anboten. Am Konzept hat sich nichts geändert, nur das Angebot ist seitdem fast jedes Jahr größer geworden. Mittlerweile sind es an die 140 Stände, an denen es nicht nur frisches Obst und Gemüse aus dem Hudson Valley und von Bauernhöfen in Upstate New York und New Jersey gibt, sondern auch selbst gebackenes Brot und Kuchen, Käse, Marmeladen, gekelterte Obstsäfte, Blumen, frische Milch, Eier, Fleisch und Fisch. Hier kann man mit den Verkäufern schwatzen und fachsimpeln, während man den Wocheneinkauf erledigt oder auch einfach nur beim Stadtbummel einen Apfel-Cider to go mitnimmt. Das Prinzip heißt Entschleunigung, und das funktioniert bestens, auch wenn sich an einem Markttag hier schon mal an die 60 000 Menschen drängen.

Greenmarket Union Square · Mo, Mi, Fr, Sa 8–18 Uhr · Union Square West New York, NY 10003 · www.grownyc.org · Subway L, N/Q/R, 4/5/6 bis 14th Street-Union Square

Bauern aus dem Staat New York bieten am Union Square ihre Waren feil.

Frühaufsteher, die eines der begehrten Sonnenaufgangstickets für das Empire State Building reservieren konnten, werden mit einem grandiosen Panorama belohnt.

Sonnengruß über den Dächern der Stadt

Auch die Stadt, die niemals schläft, kommt im Morgengrauen zur Ruhe, bevor sich dann Millionen Menschen in den Berufsverkehr stürzen. Wirklich leise ist es freilich selbst dann nur in 320 Metern Höhe – von der Aussichtsplattform des Empire State Building kann man der Metropole beim Aufwachen zusehen.

Sonnenaufgänge an besonderen Orten haben etwas Magisches. So auch der Tagesanbruch in der Millionenmetropole. Und wo könnte man ihn besser erleben als hier oben im 86. Stock, von wo der Blick ungehindert über die Häuserschluchten von Manhattan schweift und natürlich hinüber zu den anderen *boroughs* von New York, bis nach New Jersey und Connecticut. Nur einhundert Sonnenaufgangskarten werden an einigen ausgewählten Tagen ausgegeben, sodass der frühmorgendliche Besuch vor dem Ansturm der Besuchermassen garantiert eine exklusive Erfahrung ist. Dafür ist der Eintritt auch rund dreimal so teuer wie zu den regulären Öffnungszeiten (8–2 Uhr) und sollte unbedingt vorab gebucht werden.

Genauso schön, dafür kostenlos: der Sonnenaufgang auf der Brooklyn Bridge. Wenn die ersten Strahlen die Wolkenkratzer zum Glühen bringen, ist Gänsehaut garantiert.

Eine halbe Stunde vor Sonnenaufgang darf man hinauf. Wann genau das ist, hängt natürlich ganz von der Jahreszeit ab. Im tiefsten Winter geht die Sonne nach 7 Uhr auf, dafür kann es im Sommer schon vor 5.30 Uhr so weit sein. Das ist also nur was für echte Frühaufsteher – wobei man dank Jetlag oft sowieso um vier Uhr morgens schon blitzwach ist. Und dann ist man live dabei, wenn sich der Himmel in ein riesiges Aquarell verwandelt und erst in zarten, dann in leuchtenden Schattierungen von Lavendelblau, Rosa und Orange erstrahlt, bevor sich die Sonne glutrot über den Horizont erhebt. Wenn das Wetter mitspielt, ist das Himmelsspektakel atemberaubend. Der Rundumblick ist es in jeden Fall. Ein anschließendes Frühstück im »State Grill« kann mitgebucht werden – oder man holt sich einen Kaffee to go und schaut am nahen Rockefeller Plaza der Frühstücksfernsendung »Today Show« durchs große Studiofenster live zu.

Empire State Building »Sunrise Experience« · 350 Fifth Avenue
New York, NY 10118 · www.esbnyc.com · Subway B/D/F/M, Q/R bis 34 Street

41

Kunstgenuss, unterirdisch

New York ist ein Mekka für Kunstfreunde, seine Museen sind weltberühmt, Galerien gibt es an jeder Ecke. Die wohl größte Kunstgalerie liegt jedoch im Untergrund. Für den Preis einer Metro Card erhält man Zutritt zu einer einzigartigen Kunstsammlung: Die Subway ist voller Wandbilder, Mosaike und Skulpturen.

Bis zu 1,45 Milliarden Passagiere befördert die Subway pro Jahr. Ideal also, um einem beispiellos großen Publikum Kunst ganz nebenbei vor Augen zu führen. Seit 1985 gibt es dafür das »MTA Arts for Transit Program«, mithilfe dessen mehr als 260 Bahnhöfe ausgestaltet wurden. Neben aufstrebenden jungen konnten dafür auch viele namhafte Künstler wie Sol LeWitt und Chuck Close gewonnen werden – entsprechend unterschiedlich sind auch die Werke. Da begrüßen einen in vielen Stationen die klassischen Mosaike: von historischen Hüten (23rd Street) über Charaktere aus »Alice im Wunderland« (50 Street), Operndiven und Tänzer (66th Street-Lincoln Center) zu farbenprächtigen Tieren und Pflanzen als Vorgeschmack auf das Museum of Natural History (81st Street).

Am Times Square (42nd Street-Times Square) hat Roy Lichtenstein ein mehr als 16 Meter langes Wandbild im typischen Pop-Art-Stil geschaffen, während ein Mosaik an der Station 42nd Street-Bryant Park den mehrere hundert Meter langen Verbindungstunnel zum Umsteigen ziert. Stilisierte goldene Baumwurzeln mischen sich hier mit literarischen Zitaten – Hinweise auf den Bryant Park und die New York Public Library gleich darüber. Nahezu fotorealistisch anmutende Mosaike wartender Passagiere hat der brasilianische Künstler Vik Muniz für die 2017 neu eröffnete Station Second Avenue-72nd Street geschaffen. Nur eine Station weiter (Second Avenue-86th Street) blicken einen zwölf überdimensionale Porträts von Chuck Close an. Ein Netz aus farbigen LED-Bienenwaben überzieht die Decke beim Umsteigen an der Bleecker Street (Linie F zu 6). Am wahrscheinlich skurrilsten sind die kleinen Bronzefiguren von Tom Otterness, die sich an der Station 14th Street-8th Avenue auf Böden, Bänken und Geländern tummeln.

MTA Arts for Transit Program · www.web.mta.info/mta/aft

Von Lichtensteins riesigem Pop-Art-Panorama bis zu den vielen zauberhaften Mosaikbildern, hat die Subway jede Menge Kunst zu bieten.

42 Die Berliner Mauer in Manhattan

Als 1989 die Berliner Mauer fiel, konnte es den Deutschen gar nicht schnell genug gehen, sie abzureißen. Heute findet man auf der ganzen Welt Fragmente dieses Grenzbaus – allein an insgesamt fünf Orten in New York wurden Mauerteile aufgestellt.

Mehr als ein Vierteljahrhundert lang galt sie als unüberwindbar, war wie kein zweites Bauwerk Symbol für den Kalten Krieg, die Trennung zwischen Ost und West. Als die Mauer 1989 dann fiel, wollten die Deutschen sie so schnell wie möglich loswerden. Über 300 000 Tonnen Grenzbeton wurden geschreddert und als Straßenschotter verbaut. Von den einzelnen Teilen, die in alle Herren Länder verkauft wurden, landeten ein paar besonders schöne in New York. Schließlich hatten die 3,60 Meter hohen und 2,60 Tonnen schweren Mauerstücke ja auch vielen Künstlern als Betonleinwand gedient. An prominenter Stelle, nämlich im Garten der Vereinten Nationen, steht ein aus drei Elementen bestehendes Mauerstück, das die Bundesrepublik 2001 als Geschenk für das UN-Hauptquartier überreichte. Es zeigt eine symbolträchtige Umarmung über die Mauer hinweg, und erinnert fast an ein Gemälde von Marc Chagall. Das Kuriositätenkabinett Ripley's Believe It or Not hat insgesamt 32 Mauerstücke aufgekauft und stellt eines davon an seinem Standort am Times Square aus. Auch am Kowsky Plaza an der Battery und vor dem Intrepid-Museum finden sich Mauerstücke.

Das größte und wahrscheinlich schönste Stück Mauer steht aber in der Lobby eines Bürogebäudes an der 53rd Street zwischen Fifth- und Madison Avenue. Das aus fünf Segmenten bestehende, sechs Meter lange Stück trennte einst Ost und West entlang der Waldemarstraße. Die französischen Künstler Thierry Noir und Kiddy Citny verzierten es in den 1980er-Jahren mit riesigen Gesichtern. Lange Zeit stand das Werk nebenan auf einem kleinen Innenhof neben einem künstlichen Wasserfall. Nachdem der stete Sprühregen die Mauer langsam zu zersetzen drohte, wurde sie restauriert und steht nun in der für jedermann zugänglichen Lobby. Der Paley Park genannte Innenhof (3 East 53rd Street) lädt noch immer zu einer gemütlichen Rast ein.

Berliner Mauer · 520 Madison Avenue · New York, NY 10022 · Midtown East
Subway E, M bis Lexington Ave.-53 Street oder F bis 57 Street

Mitten in New York stößt man auf kunstvolle Zeugnisse deutscher Geschichte.
Einige farbenfrohe Fragmente der Berliner Mauer haben hier ein neues Zuhause gefunden.

Zwischen den Hochhäusern von Midtown ein unerwartet grünes Refugium
Sehenswerte Ausstellungen und vieles mehr gibt es in der Japan Society.

43

Kleiner Park, große Idylle

Knapp 600 Quadratmeter groß ist der Greenacre Park, so klein, dass er in die Kategorie »vest pocket park« fällt. Und doch ist dieser Westentaschenpark eine echte Oase auf der Ostseite von Midtown, wo Grünflächen rar sind. 1971 stiftete ihn Abby Rockefeller Mauzé. Rasen wird man hier vergeblich suchen, doch die Steinterrassen werden von Gleditschien beschattet, dazwischen wuchern immergrüner Efeu, Rhododendren und Azaleen. Das Highlight ist jedoch der fast acht Meter hohe Wasserfall an der Stirnseite, dessen Rauschen den Straßenlärm ausblendet. Es gibt jede Menge Sitzgelegenheiten, sogar einen kleinen Imbissstand – hier lässt man sich gern nieder.

Greenacre Park · Juni–Okt. 8–20, sonst 8–18 Uhr, Dez.–März geschl.
217 East 51st Street · New York, NY 10022 · Midtown East · www.greenacrepark.org
Subway E, M bis Lexington Ave-53rd Street

44

Die Japan Connection

In einer Stadt mit einem so gigantischen kulturellen Angebot schafft es auch manche noch so fabelhafte Einrichtung oft nicht ins Bewusstsein vieler Besucher. Das ist schade, denn die Japan Society im Schatten der Vereinten Nationen bietet auf fünf Stockwerken ein beeindruckendes Fernost-Programm mit Kunst, Musik-, Theater- und Tanzdarbietungen, Filmvorführungen und mehr. Die Society blickt auf eine über hundertjährige Geschichte zurück, das moderne Gebäude stammt von 1971. Der Bambusgarten mit Wasserfall in der lichten Lobby lässt den Lärm von Midtown vergessen, eine Bank des berühmten Holzkünstlers George Nakashima lädt zur Ruhepause ein.

Japan Society · Di–Do 12–19, Fr 12–21, Sa, So 11–17 Uhr
333 East 47th Street · New York, NY 10017 · Tel. 212/715 12 58
www.japansociety.org · Subway 4/5/6, 7 bis Grand Central-42 Street

45 Der Duft der großen weiten Welt

Dieser Duft! Sobald man die Tür zu »Kalustyan's« öffnet, weht einem ein betörendes Aroma entgegen – eine Mischung aus Cumin, Kardamom, Curry, Pfeffer, dazu eine Note Zimt und etwas Süßes. Getrocknete Früchte? Tee? Egal, hier sind Feinschmecker und Hobbyköche im siebten Himmel.

Touristen verirren sich nur selten nach Murray Hill im Osten von Midtown. »Curry Hill« heißt die Gegend im Volksmund wegen der vielen indischen Restaurants und Geschäfte. Als der Armenier Kerope Kalustyan hier 1944 einen Laden für Gewürze und Trockenfrüchte aufmachte, war die Gegend noch in armenischer Hand. In den 1960er- und 1970er-Jahren zogen immer mehr Inder nach Murray Hill, und Kalustyan begann, indische Gewürze zu importieren. 1988 übernahmen zwei Cousins aus Bangladesch »Kalustyan's« und erweiterten sowohl den Laden als auch das Angebot immer mehr. Schnell sprach sich herum, dass man hier auch die ausgefallensten Produkte bekommt. Und sollten getrocknete Lotusblätter oder japanisches Bambussalz noch nicht im Sortiment sein (keine Sorge – beides gibt es längst), setzen die ausgesprochen sachkundigen Mitarbeiter alles daran, die Wünsche der Kunden zu erfüllen und die kulinarischen Raritäten aufzutreiben.

So viel Essen macht hungrig. Am Imbissstand im ersten Stock schwelgt man in Köstlichkeiten wie Baba Ganoush, Samosas, Linsen, Humus, dazu fluffiges Pitabrot.

So drängen sich heute auf mehr als 600 Quadratmetern und mehreren Stockwerken Tausende von Produkten aus mehr als 80 Ländern. Die Gänge sind schmal, die Regale reichen bis zur Decke und sind gefüllt mit einer schwindelerregenden Auswahl an Nüssen, Reis, Bohnen, Chutneys, Honig, Essig, Öl, Tee und Kaffee aus aller Herren Länder, dazu Kochutensilien und natürlich duftende Gewürze, viele davon selbst gemischt. Es gibt eine fast enzyklopädische Auswahl von an die hundert verschiedenen Chilischoten und mehreren Dutzend Sorten Reis. Auf der Suche nach kandierten Veilchen, Pistazien aus dem Iran oder einer Ingwerreibe? Hier wird man sicher fündig.

»Kalustyan's« · Mo–Sa 10–20, So 11–19 Uhr · 123 Lexington Avenue · New York, NY 10016 Midtown East · Tel. 212/685 34 51+ www.foodsofnations.com · Subway 4/6 bis 28 Street

Kalustyan's bietet eine nahezu unerschöpfliche Auswahl an Gewürzen und Spezialitäten aus aller Herren Länder. Hier findet man auch ausgefallenste Zutaten.

Am Ende der schnurgeraden 42nd Street versinkt die Sonne im Hudson River.

Sonnenkult in Häuserschluchten

40

Man könnte denken, New York mit seinem Straßengetöse biete nichts für Sonnenanbeter und schon gar nichts für Menschen auf der Suche nach mystischer Erleuchtung. Doch weit gefehlt: Das »grid pattern« von Manhattan und die spezifische Lage der Insel ermöglichen sogar ein ganz einzigartiges Schauspiel.

»Manhattanhenge« nennt sich dieses Großstadt-Naturschauspiel der besonderen Art. Nur viermal im Jahr, an jeweils zwei aufeinanderfolgenden Tagen etwa drei Wochen vor und drei Wochen nach der Sommersonnwende, steht die Sonne genau so, dass sie exakt in der Achse der nummerierten Straßen untergeht. Kein Schatten der rechts und links aufragenden Häuser fällt dann in den Sonnenstrahl, der sich rotgolden auf den Asphalt ergießt.

Vom Tudor City Overpass nahe der UN blickt man von hoch oben auf die 42. Straße, rechts glänzt das Chrysler Building. Hier ist jeder Sonnenuntergang ein Traum.

Beobachten ließ sich das Phänomen schon an die 200 Jahre lang, seit die Stadtplaner 1811 ein strikt rechtwinkliges Straßengitter über Manhattan legten. Doch erst als der Astrophysiker Neill deGrasse Tyson vom American Museum of Natural History das Phänomen beschrieb und ihm in Anlehnung an den mystischen Steinkreis Stonehenge in England den einprägsamen Namen »Manhattanhenge« gab, geriet es ins Bewusstsein der Öffentlichkeit. Mittlerweile hat sich ein regelrechter Kult darum entwickelt. Tausende Schaulustige und Hobbyfotografen versammeln sich auf den breiten Durchgangsstraßen von Midtown und blicken erwartungsvoll nach Westen. Und wenn dann für einen kurzen Moment die Sonne ihre Strahlen durch die Häuserschluchten ergießt, scheint die Stadt für ein paar Minuten die Luft anzuhalten. Man hört nur noch verzückte Seufzer und das Klicken der Kameras. Aber dann meldet sich die Stadt wieder lautstark zu Wort, wenn ungeduldige Taxifahrer auf die Hupe drücken, um die Fotografen von der Straße zu verscheuchen. Besonders schön ist das Spektakel auf der 34. oder 42. Straße zu beobachten, wo Empire State bzw. Chrysler Building den Sonnenuntergang fotogen einrahmen.

»Manhattanhenge« · Ende Mai, Mitte Juli (Termine variieren) · ideale Standpunkte: 14., 23., 34., 42., 57. Straße, möglichst weit östlich · Platz mindestens 1 Std. zuvor sichern

Traumhaft ist der Blick auf den Sonnenuntergang auch von Long Island City.

47

Urwald hinter Glas

New Yorks Königsdisziplin? Überraschende Begegnungen und ausgefallene Dinge an unerwarteten Orten. So etwa im Atrium eines von außen eher unauffälligen Bürogebäudes im Osten von Midtown, in dem sich ein subtropischer Regenwald verbirgt. Eintreten für Besucher ausdrücklich erwünscht!

Von außen ist es zunächst ein Büroturm wie viele andere – ein zwölfstöckiges Gebäude aus Glas, Stahl und Granit. Gebaut wurde es 1967 als Sitz für die Ford Foundation, die in den 1930er-Jahren gegründete gemeinnützige Stiftung der Ford Motor Company. Um eine gerechtere, bessere Welt geht es dieser Stiftung, und dem versucht auch das Gebäude Rechnung zu tragen. Bei dem vielleicht ersten »grünen« Gebäude New Yorks geht es nämlich nicht um die Maximierung von Büroflächen. Im Gegenteil! Die Büros sind rund um ein gewaltiges, lichtdurchflutetes Atrium angeordnet, und die Angestellten blicken durch Glaswände auf einen üppigen Urwald, der da wie in einem gigantischen Gewächshaus gedeiht.

Die grüne Oase inmitten der Betonwüste von Midtown ist aber nicht nur für die Menschen gedacht, die hier arbeiten. Der Zugang steht jedermann offen. Wer auf der 43. Straße vorbeigeht, etwa auf dem Weg zu den Vereinten Nationen, die hier gleich um die Ecke liegen, stutzt angesichts des ungewohnten Grüns, das da verführerisch hinter der hohen Glasfassade leuchtet. Passiert man die schweren Glasdrehtüren, traut man im Inneren dann seinen Augen kaum, denn mit einem Mal steht man mitten im Dschungel, zwischen hoch aufragenden exotischen Bäumen und üppig wuchernden Büschen. Über mehrere Terrassen ist der Wald angelegt, um den Höhenunterschied zwischen den Eingängen auf der 42. und der 43. Straße auszugleichen. Den Mittelpunkt bildet ein quadratisches Wasserbecken mit einer kleinen Insel, auf der ein Bonsai-Baum wächst – ein Bild wie aus einem japanischen Zen-Garten. Leise plätscherndes Wasser, der zarte Duft von Magnolien. Wer jetzt die Augen schließt und eine Münze ins Wasserbecken wirft, hat einen Herzenswunsch frei.

Ford Foundation · Mo–Fr 10–16 Uhr · 320 East 43rd Street · New York, NY 10017
Midtown East · www.fordfoundation.org · Subway 4/5/6, 7, S bis Grand Central-42 Street

Draußen die Wohnblocks von Tudor City, drinnen ein üppig wuchernder Dschungel

Eine kurze Gondelfahrt über den East River bringt einen in eine andere Welt.
Der Blick von Roosevelt Island auf Midtown Manhattan ist sensationell.

Mit der Gondel auf die Insel schweben

48

Roosevelt Island ist Teil von Manhattan – und doch eine ganz eigene Welt. Lange war es ein Ort der Aussätzigen, wo diejenigen weggesperrt wurden, die durch das Raster der Gesellschaft gefallen waren. Heute kommt man auf die beschauliche Insel, um zu flanieren und die Aussicht zu genießen.

Allein die Anfahrt ist ein Erlebnis: Denn neben der Subway ist die schmale Insel mitten im East River nämlich auch mit der Roosevelt Island Aerial Tramway zu erreichen. Mit dieser Luftseilbahn geht es von Midtown in einer berauschenden, knapp fünfminütigen Fahrt hinüber. In bis zu 70 Meter Höhe schwebt man hoch über die Straßen, über den breiten East River und vorbei an der zum Greifen nahen Queensboro Bridge. Und das alles für den Preis einer U-Bahn-Fahrt. Ursprünglich war die 1976 gebaute Seilbahn nur als Provisorium bis zur Fertigstellung der U-Bahn gedacht. Als der F-Train die Insel 1989 endlich ans Subway-Netz anschloss, hatte sich die Tramway so etabliert, dass an einen Abriss zum Glück nicht mehr zu denken war.

So aufregend die Überfahrt ist, man sollte nicht gleich wieder umkehren und zurückfahren. Die gut drei Kilometer lange und nur etwa 250 Meter breite Insel hat einiges zu bieten, in erster Linie das grandiose Panorama von Midtown, das sich auf einem Spaziergang von der Nordspitze mit dem alten Leuchtturm bis zur Südspitze mit dem Four Freedoms Park entfaltet. Ein schöneres Picknickplätzchen, vor allem zum Sonnenuntergang, findet man kaum in New York. Auch ein Abstecher ins Inselinnere lohnt, etwa zu der von Efeu und Unkraut überwucherten Ruine der alten Pockenklinik – eine Erinnerung an düstere Zeiten, als Roosevelt Island noch Blackwell's Island hieß und Auffangbecken für die Unerwünschten New Yorks war. Eine gefürchtete Nervenheilanstalt und ein Gefängnis standen ebenfalls hier. Erst in den 1970er-Jahren wurden die mittlerweile ungenutzten Gebäude abgerissen, die Insel nach Präsident Franklin D. Roosevelt umbenannt und in ein Wohngebiet umgewandelt. Heute leben hier neben vielen UN-Mitarbeitern auch Studenten und Lehrkräfte des neuen Hightech-Campus der »Cornell Tech«.

Roosevelt Island Tram · So–Do 6–2, Fr–Sa 6–3.30 Uhr alle 15 bzw. 7 Min. · Abfahrt Tramway Plaza 59th Street und Second Avenue · Midtown East · www.rioc.com

49 Zu Besuch bei Pu, Tigger & Co.

Vor der ehrwürdigen New York Public Library halten zwei mächtige Löwen aus Marmor Wache. Sie gelten als die Wahrzeichen der Bibliothek, doch deren heimliche Stars sind einige zerzauste, alte Stofftiere – die echten Vorlagen für die Charaktere aus dem Kinderbuch »Winnie-the-Pooh«.

Das Vorbild für den gutmütigen Bären »von sehr geringem Verstand«, der verrückt nach Honig ist, war ein Teddybär, den der Autor Alan Alexander Milne 1921 bei Harrods in London kaufte und seinem Sohn Christopher Robin zu dessen erstem Geburtstag schenkte. Zur Stofftiersammlung des Jungen gesellten sich bald noch ein Tiger, ein Ferkel, ein Esel und ein Känguru. Sie alle dienten Milne, der sich zuvor als Journalist und Krimiautor einen Namen gemacht hatte, als Inspiration für die Geschichten rund um Pu den Bären und seine Freunde, die mittlerweile zu den beliebtesten Kinderbuchfiguren aller Zeiten zählen. Ein Zuhause haben sie in der Kinderbücherei im Untergeschoss der New York Public Library gefunden, umgeben von lesenden und spielenden Kindern. Hier sitzen die fünf zusammen in einer Glasvitrine, im Hintergrund eine gemalte Landkarte vom Hundertsechzig-Morgen-Wald, in dem die Geschichten spielen. Und wie allen uralten Stofftieren sieht man auch Pu, Tigger, Känga, I-Aah und Ferkel an, dass man sie heiß geliebt hat. 2016 wurden sie aufwendig restauriert, ohne dabei den authentischen Zustand der fast hundert Jahre alten Tiere zu verfälschen, um aber auch weiteren Generationen von Kindern die Möglichkeit zu geben, Pu und seine Freunde hier zu besuchen.

Auch sonst ist die Bibliothek natürlich einen Besuch wert. Allein das prächtige Gebäude im Beaux-Arts-Stil aus weißem Dorset-Marmor ist sehenswert, und natürlich der riesige Hauptlesesaal mit der schön vertäfelten Decke und den Kronleuchtern. Nirgendwo sonst in New York lassen sich die E-Mails stilvoller checken. Besucher erwartet aber auch eine bibliophile Schatzkammer, zu der eine Gutenberg-Bibel und eine von Thomas Jefferson verfasste Kopie der Unabhängigkeitserklärung gehören.

New York Public Library · Children's Center at 42nd Street · Mo, Do–Sa 10–18, Di, Mi 10–20, So 10–17 Uhr · 476 Fifth Avenue · New York, NY 10018 · www.nypl.org · Subway 7 bis 5th Ave.

In der Kinderbücherei der New York Public Library haben Pu der Bär und seine Freunde ein neues Zuhause gefunden und freuen sich über Besuch.

Der Weg zur New Yorker Stadtbibliothek ist gepflastert mit Poesie und Weisheiten.

Der literarische »Walk of Fame«

50

Wer in Midtown unterwegs ist, hat den Blick angesichts all der Hochhäuser und Wolkenkratzer meist nach oben gerichtet. Doch hin und wieder lohnt es sich auch, zu Boden zu blicken: In der 41st Street säumen nämlich schön gestaltete Bronzeplaketten mit Zitaten berühmter Dichter den Gehweg.

Hoch ragen die Büro- und Geschäftshäuser auf beiden Seiten der 41st Street auf und lassen wenig Licht in diese typische Midtown-Straßenschlucht. Am Ende der Straße, auf Höhe der Fifth Avenue, thront dann die prächtige New York Public Library. Der Weg zu diesem Tempel des Wissens ist mit Worten und Weisheiten gepflastert. In den späten 1990er-Jahren wurden die zwei Blocks zwischen Park- und Fifth Avenue, die ein wenig beachtetes Dasein im Schatten der belebten 42nd Street führten, in einer Zusammenarbeit zwischen Bibliothek und Grand Central Partnership in den sogenannten Library Way verwandelt. 96 große Bronzeplaketten wurden in den Gehweg eingelassen. Sie wurden von Gregg LeFevre gestaltet, einem Bildhauer aus dem Greenwich Village, der die literarischen Zitate, ausgewählt von Bibliothekaren aus dem ganzen Land, mit passenden Bronzeillustrationen versah. Die Bandbreite reicht von Aristoteles über Thomas Jefferson bis zu Emily Dickinson, vom Philosophischen bis zum Skurrilen. »The universe is made of stories, not of atoms«, wird da etwa die amerikanische Dichterin und Frauenrechtlerin Muriel Rukeyser zitiert. Auf einer anderen Bronzetafel ist eine Reihe Bücher zu sehen, die von zwei Hähnen als Buchstützen gehalten wird, dazu der Spruch von E. B. White: »I don't know which is more discouraging, literature or chickens« aus einem Brief an James Thurber.

Gedichte, Aphorismen, Auszüge aus Romanen und Theaterstücken – der Library Way feiert große Literatur und versucht, die Menschen zum Lesen und Innehalten zu bewegen. Die meisten New Yorker hasten vorbei, treten achtlos auf die Bronzetafeln auf ihrem Weg. Doch gelegentlich bleibt mal einer stehen, liest – und geht dann meist ein wenig langsamer und nachdenklicher weiter.

Library Way · 41st Street von Park bis Fifth Avenue · New York, NY 10017 · Midtown East
www.nypl.org · Subway 7 bis 5 Ave. oder 4/5/6, 7, S bis Grand Central-42 Street

51 Austernkeller im Bahnhof

Die »Oyster Bar« im Grand Central Terminal ist eine New Yorker Institution. Seit mehr als hundert Jahren pilgern Austernfreunde in den riesigen Gewölbekeller des Bahnhofs. 450 Gäste finden an den Tischen mit den rot-weiß karierten Decken Platz, die Atmosphäre erinnert an einen Bierkeller.

Die Karte wird täglich neu geschrieben, bestimmt vom Fang des Tages am New Fulton Fish Market. Neben frischem Fisch und Hummer umfasst das Angebot der »Oyster Bar« an die 30 verschiedene Austern und Muscheln: Beavertail-Austern aus Rhode Island, Rappahannocks aus Virginia oder Pemaquids aus Maine – an die 4000 Muscheln aus allen Regionen Amerikas werden in der »Grand Central Oyster Bar« täglich geschlürft. Nur New Yorker Austern sucht man auf der Karte vergebens – viel zu schadstoffbelastet. Ironischerweise öffnete die »Oyster Bar« 1913 ihre Tore, als New Yorks Tage als Austernhauptstadt der Welt gezählt waren. Als Henry Hudson 1609 Kurs auf New York nahm, musste er noch riesige Austernriffe umschiffen. Mehr als 900 Quadratkilometer groß sollen die Austernbänke im Mündungsgebiet des Hudson River gewesen sein, und es gibt wissenschaftliche Schätzungen, wonach die Hälfte aller Austern der Welt zu jener Zeit im Hafen von New York zu finden waren. Die Austern waren im Überfluss vorhanden, sie wurden exportiert und man konnte sie an jeder Ecke essen, im vornehmen Restaurant ebenso wie beim fliegenden Straßenhändler. Lange vor den Hotdogs waren Austern das typische New Yorker »Streetfood«. Doch nur drei Jahrhunderte nach Henry Hudsons Ankunft war die große Austernsause vorbei: Überfischung, Landaufschüttungen und Wasserverschmutzung hatten ihnen der Garaus gemacht. 1927 wurde die letzte der New Yorker Austernbänke geschlossen. Inzwischen wurden mit dem »Billion Oyster Project« wieder 22 Millionen Austern im New Yorker Hafen angesiedelt, bis 2030 soll es eine Milliarde sein – freilich nicht zum Verzehr. Künstliche Austernriffe sollen die Küste sichern und die Wasserqualität verbessern. Für den Genuss gibt es ja die »Oyster Bar«.

»Grand Central Oyster Bar« · Mo–Sa 11.30–21.30 Uhr · Grand Central Terminal
89 East 42nd Street · New York, NY 10017 · Midtown East · Tel. 212/490 66 50
www.oysterbarny.com · Subway 4/5/6, 7, S bis Grand Central-42 Street

Gourmet unter Gleisen: Im Keller des Grand Central Terminal rollen täglich Schüsseln mit Tausenden frischer Austern aus der Küche der »Oyster Bar«.

Akustisches Geheimnis: Die gewölbte Decke überträgt geflüsterte Botschaften.
Den New Yorker Autofahrern bleibt die 6 ½ Avenue meist verborgen.

Flüsterpost in der Pendlerkathedrale

Mit 67 Gleisen, 19 Hektar Fläche und täglich rund 500 000 Reisenden ist Grand Central Terminal der größte Bahnhof der Welt. Wer in der 40 Meter hohen Haupthalle steht, den Kopf in den Nacken legt und die türkisfarbene Decke mit den mehr als 2500 Sternen bewundert, wird zustimmen: Er ist auch einer der schönsten. Zudem birgt er so manches Geheimnis. Gleich vor der »Oyster Bar« befindet sich die »Flüstergalerie«. Wer sich hier in die Ecke stellt und etwas flüstert, wird in der gegenüberliegenden Ecke laut und deutlich gehört, denn die leisen Worte werden durch die besondere Akustik der gewölbten Decke übertragen. Perfekt für den New Yorker Liebesschwur!

Whispering Gallery · Grand Central Terminal · 89 East 42nd Street
New York, NY 10017 · Midtown East · Subway 4/5/6, 7, S bis Grand Central-42 Street

53

Fußgängerzone à la New York

Broadway, Fifth Avenue, Park Avenue … Einige der berühmtesten Straßen der Welt finden sich in New York. Aber wer hat schon mal von einer halben Avenue gehört, 6 ½ Avenue, um genau zu sein? Diese Kuriosität findet sich zwischen 6. und 7. Avenue, von der 51. bis zur 57. Straße. Schon lange nutzten Angestellte aus den umliegenden Bürotürmen eine Reihe von miteinander verbundenen öffentlichen Plätzen, Lobbys und Arkaden, um im Gewusel von Midtown schneller von A nach B zu kommen. 2012 wurde dieses offene Geheimnis offiziell: Die Stadt ließ Stoppschilder und Zebrastreifen an den Übergängen anbringen und taufte die neue Fußgängerzone 6 ½ Avenue.

6 ½ Avenue · zwischen Ave. of the Americas und 7th Ave., 51. bis 57. Straße
Midtown West · Subway N/Q/R/W bis 57 Street, E, B/D bis 7 Ave.

Auch wenn die Kulisse eher schäbig wirkt, diese Burger sind Kult.

Burgerbude im Luxushotel

Ob klassisch oder aus feinstem Wagyu-Rind mit Trüffeln: Wer auf der Suche nach einem ausgezeichneten Burger ist, hat in New York die Qual der Wahl. Einen der besten und bodenständigsten Burger gibt es da, wo man ihn nicht vermuten würde: als Flüsterkneipe getarnt in einem Luxushotel.

Die glänzende Marmorhalle des »Parker Meridien«-Hotels verspricht Luxus pur. Und im hauseigenen Frühstücksrestaurant »Norma's« gibt es ein Frühstück für Gäste, die es gern ein bisschen extravaganter mögen, etwa mit einem Foie-gras-French-Toast mit Spargel oder mit der »Zillion Dollar Lobster Frittata«, die aus sechs Eiern gezaubert und mit Kaviar sowie einem ganzen Hummer serviert wird. Kostenpunkt: 200 Dollar, oder in der »super size«-Variante mit 10 *ounces* (knapp 300 Gramm) Sevruga-Kaviar für den zehnfachen Preis. Kurz: Das »Parker Meridien« ist nicht unbedingt der Ort, wo man einen simplen, saftigen Burger zu Studentenpreisen erwarten würde.

Und doch lockt da rechts hinter der Rezeption, am Ende eines schmalen, kaum beleuchteten Ganges, ein einfaches, farbiges Neonschild. Dort, hinter einem schweren dunkelroten Samtvorhang, wartet eine andere Welt, so, als sei man während der Prohibition in einer Flüsterkneipe gelandet, einer auf den ersten Blick schäbigen, aber gemütlichen Absteige. Die Wände sind von oben bis unten mit Graffiti und Kritzeleien bedeckt, die Holztische- und -stühle sind abgewetzt, und über der Theke hängen handgeschriebene Pappschilder. Mehr Speisekarte braucht es nicht, auch bestellen muss man die Burger selbst am Fenster zur Küche, denn eine Bedienung gibt es hier nicht. Am besten nimmt man den Burger – ob mit oder ohne Käse – auf jeden Fall mit »the works«, was so viel heißt wie »mit allem«, also mit Tomate, Salat, Essiggurke, Ketchup, Mayo und Senf. Wie in einem Steakhaus gibt man bei der Bestellung auch an, wie man den Burger gebraten haben möchte. Und wenn er dann kommt, ohne Schnickschnack, dafür unglaublich saftig und mit einem unverkennbaren Grillgeschmack, dann weiß man, was wahrer Luxus ist.

»Burger Joint« · im »Le Parker Meridien« · 119 West 56th Street · New York, NY 10019
Midtown West · Tel. 212/708 74 14 · www.burgerjointny.com · Subway F bis 57 Street

35

K-Town, das Viertel, das niemals schläft

Eine der kleinsten ethnischen Enklaven der Stadt ist Koreatown, das sich in einer einzigen kurzen Straße in Midtown Manhattan angesiedelt hat. 32nd Street ist voll mit koreanischen Bäckereien, Spas, BBQ-Restaurants und Karaokebars. Hier kommen vor allem kulinarisch Interessierte auf ihre Kosten.

Nur ein paar Schritte vom Kaufhaus Macy's entfernt steht man gefühlt plötzlich mitten in Seoul. Drei, vier, fünf Stockwerke hoch türmen sich hier die koreanischen Läden und Lokale übereinander, nachts erstrahlen die fast ausschließlich in Hangul beschrifteten Leuchtreklamen. In Koreatown ist rund um die Uhr etwas los – viele der Restaurants haben 24 Stunden geöffnet. Auch ganz offiziell heißt die 32. Straße zwischen 5. und 6. Avenue mittlerweile Korea Way und gilt als eine der angesagtesten Destinationen für fantastisches Essen.

Anders als New Yorks Chinatown oder Little Italy ist Koreatown ein relativ neues ethnisches Viertel. Die Koreaner selbst wohnen meist außerhalb, in Queens oder New Jersey, sodass hier auf engstem Raum Platz ist für mehr als hundert Geschäfte und Restaurants. Erst in den 1980er-Jahren begannen koreanische Einwanderer an diesem kurzen Häuserblock Geschäfte und Lokale zu eröffnen, oft eines über dem anderen. Inzwischen ist K-Town, so der umgangssprachliche Name, auch bei Nicht-Koreanern äußerst beliebt. Die Auslagen der Bäckereien wie »Koryodang« oder »Tous les Jours« sind ein Fest fürs Auge und bieten neben asiatischen Spezialitäten auch jede Menge leckere französische Backwaren, ideal für eine kleine Kaffeepause. Wer mehr Zeit mitbringt, sollte unbedingt einen Besuch in einem der Restaurants einplanen: Im »BCD Tofu House« etwa, das auf selbst gemachten Tofu spezialisiert ist und rund um die Uhr geöffnet hat, oder in einem der vielen koreanischen Barbecue-Restaurants wie »Jongro« oder »Miss Korea BBQ«. Hier braten die Gäste das Fleisch auf dem mitten im Tisch eingelassenen Holzkohlegrill, dazu gibt es schüsselweise Dips und Beilagen wie Kimchi – ein ebenso leckeres wie geselliges Vergnügen.

Koreatown · 32nd Street zwischen Fifth und Sixth Avenue · Midtown West
Subway B/D/F/M, N/Q/R/W bis 34 Street-Herald Square

Dicht an dicht, neben- und übereinander reihen sich in Koreatown die Restaurants.
Hier kann man zu allen Tages- und Nachtzeiten köstlich speisen.

Hier fühlt man sich mitten in Manhattan fast wie in Italien:
Üppig belegte Focaccia und riesige Parmesanlaibe im Eataly

56

Ein neues Stück Italien

Es steckt schon viel Italien in Manhattan – von Little Italy über De Niros Tribeca, Locations für Mafia-Filme, italienische Anklänge im New Yorker Dialekt bis hin zu Pizza an nahezu jeder Straßenecke. Aber für neue Originale wie das Eataly wird natürlich gern noch Platz gemacht.

Wenn man ihn so sieht, den Supermarkt mit all dem, was Italien so unwiderstehlich macht in der Welt des kulinarischen Genusses und stilvollen Designs, dann könnte man denken: Das hat sich sicher jemand aus und für New York ausgedacht. Stimmt aber nicht: Eataly ist trotz des Namens, der im Englischen ganz wunderbar als Wortspiel aus »Essen« und der Betonung von »Italien« mit italienischem Akzent funktioniert, eine original italienische Idee (die den Namen von dessen Erfinder nach der Patentierung gekauft hat). 2007 wurde in Turin der erste Megastore unter diesem Namen eröffnet. Dennoch war die Eröffnung der ersten Filiale in den USA, nahe des Madison Square Parks in New York, im Jahr 2010 ohne Zweifel das größte Spektakel für die Premium-Kette. Wochenlang stand die Schlange der neugierigen neuen Kunden etliche Blocks die Fifth Avenue hinunter und wartete darauf, die wunderbare Mischung aus Feinkostgeschäft, Restaurant und Lifestyle mit einem Hauch New Age, wie die »New York Times« bemerkte, zu besuchen. Zum Glück hat sich der Ansturm etwas gelegt, sodass man heutzutage auch ohne Wartezeit in den Laden kommt, besonders seit die erste Filiale im Flatiron District 2017 endlich ein Pendant in Downtown (im World Trade Center auf der Liberty Street) bekommen hat. Natürlich wird auch gastronomisch alles geboten, was Italien eben zu bieten hat. Für das Restaurant auf dem Dach des Hauses sollte man mehr Geld und Zeit mitbringen – aber das ist es wert: Dort ist eine »Birreria« für den Sommer eingerichtet, die als veritabler Biergarten eine Mini-Brauerei bietet; und weil man Premium-Lagen mit Blick auf die Fifth Avenue im Winter nicht gern ungenutzt lässt, sorgen Dutzende Heizstrahler für Alpen- und Pisten-Feeling. Wenn es wärmer wird, bietet die Markthalle dann alles für ein Picknick im Madison Square Park gegenüber.

Eataly NYC Flatiron · tägl. 9–23 Uhr · 200 Fifth Avenue · New York, NY 10010
Tel. 212/229 25 60 · www.eataly.com · Subway R/W bis 23 Street

57

It's Showtime!

Für Reisende nach Hollywood ist ein Besuch in einem der Filmstudios Pflicht, vielleicht sogar als Zuschauer beim Dreh einer Fernsehshow. Das geht in New York auch – denn hier haben die großen Fernsehsender ihre Studios, der Besuch ist kostenlos und kann mehr Spaß bringen als eine Broadway-Show.

Das liberale New York ist die Medienhauptstadt der USA – nicht nur die einflussreiche »New York Times«, nach der der Times Square benannt ist, sondern auch die Zentralen der großen Fernsehsender wie ABC, NBC, CBS und HBO sind hier zu Hause. Besonders attraktiv sind für Zuschauer die satirisch-politischen Sendungen wie die »Daily Show« oder die Late-Night-Klassiker, deren Studios in der Nähe der berühmten Broadway-Theater am Times Square liegen. Im Hauptsitz von NBC, dem berühmten 30 Rockefeller Plaza (im selben Gebäudekomplex wie die Radio City Music Hall), entsteht die »Tonight Show«

Kostenlose Tickets für die »Late Show« müssen lange im Voraus reserviert werden.

mit Jimmy Fallon. Eine Meile weiter östlich, an der 11. Avenue in Hell's Kitchen, dreht Trevor Noah die »Daily Show« als Nachfolger von Jon Stewart, dem unbestrittenen König der allabendlichen Satire. Wenige Meter nördlich gastiert John Oliver immer sonntags mit »Last Week Tonight« im CBS-Center.

Das vermutlich schönste Studio hat sich der bissige Trump-Spötter Stephen Colbert mit seiner »Late Show« gesichert: das Ed-Sullivan-Theater am Broadway, das schon seit 1948 als Fernsehstudio genutzt wird. 1993 zog die »Late Show« mit David Letterman ein, die 2015 von Colbert übernommen wurde. Tickets sind wochentags ganz gut zu ergattern, denn trotz ihres Namens (und Ausstrahlungszeitpunkts) wird die Show am Nachmittag aufgezeichnet; die New Yorker strömen daher nur am Freitag zu ihrem Idol. Wenn man nach einer Stunde Warten in den Zuschauerraum gelassen wird, erscheint erst zum Anwärmen ein – noch unbekannter – Stand-up-Comedian. Die Studioband heizt weiter ein, bis die Hauptperson erscheint, kurz mit dem Publikum plaudert und dann ankündigt: »Gleich komme ich wieder auf die Bühne und wir tun alle so, als sähen wir uns das erste Mal.« Und los geht's!

»The Late Show« with Steven Colbert · Ed Sullivan Theater · 1695 Broadway
New York, NY 10019 · kostenlose Tickets, Res. über www.1iota.com (lange Vorlaufzeit!)
Subway N/Q/R/W bis 57 Street

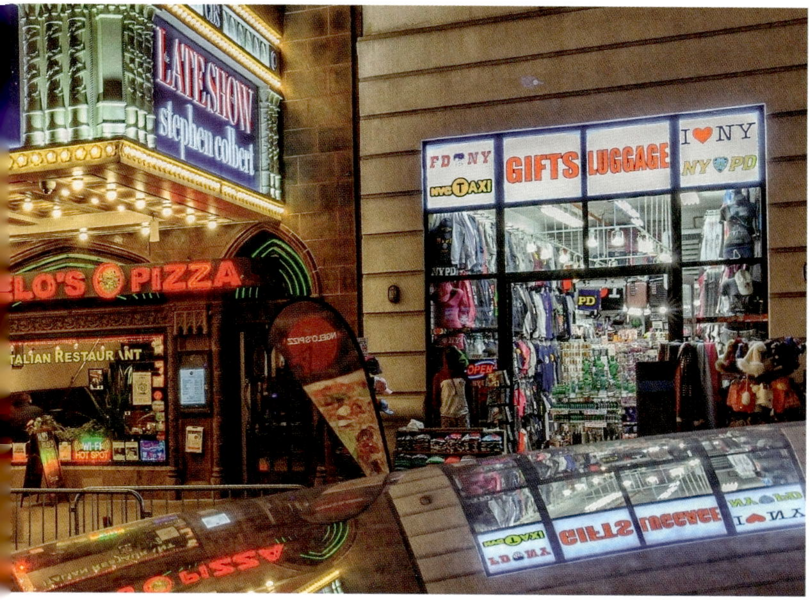

58 Luftschlösser in Midtown

New York wollte schon immer ganz hoch hinaus. Eine neue Generation von Wolkenkratzern ist gerade dabei, die Silhouette der Stadt ganz entscheidend zu verändern. Viele der Newcomer sind wahre Supermodels unter den Hochhäusern – ungewöhnlich groß, schlank und schön.

Ein ungeahnter Bauboom hat in jüngster Zeit Manhattan erfasst, vor allem in Midtown, in unmittelbarer Nähe zum Central Park. Ein besonders beliebtes Pflaster: die 57. Straße, die wegen der vielen extrahohen, ultraluxuriösen Wohntürme auch »Billionaires' Row«, also Straße der Milliardäre, genannt wird. Der Spaziergang beginnt an der U-Bahn-Haltestelle 57 Street (Linie Q/R). Hier ragt der noch nicht ganz fertige, aber bereits weitgehend glasverspiegelte Central Park Tower in die Höhe. 472 Meter hoch soll er bei seiner Fertigstellung 2019 sein und damit das höchste Wohngebäude der Stadt. Dann würde er auch den bislang höchsten Wohnturm überflügeln, der nur drei Avenues weiter steht: Geradezu fragil, atemberaubend schmal und hoch ist der 426 Meter hohe, weithin sichtbare Skyscraper 432 Park Avenue. Wie ein gigantisches Streichholz aus Glas und Beton sticht der von Stararchitekt Rafael Viñoly entworfene Luxus-Wolkenkratzer seit 2015 aus der Skyline hervor. Allein das Penthouse kostete 95 Millionen Dollar.

Zwischen diesen beiden Mega-Wolkenkratzern kann die 57. Straße aber noch mit weiteren Luftschlössern aufwarten: Da wären allein zwischen Avenue of the Americas und Seventh Avenue der von Christian de Portzamparc entworfene, 79-stöckige Luxuswohnturm One57 und der dünnste Wolkenkratzer von allen, 111 West 57th Street, mit nur rund 20 Meter langen Seiten bei einer Höhe von 438 Metern. Das ergibt ein schwindelerregendes Breite-zu-Höhe-Verhältnis von 1:22. Zum Vergleich: Die Türme des alten World Trade Centers aus den 1970er-Jahren hatten ein Verhältnis von 1:7. Auch wenn so mancher über so viel Protz und Prunk lästert, so haben diese extraschlanken Luxuswohntürme architektonisch eine neue Ära eingeläutet.

Central Park Tower: 217 W 57th Street · **432 Park Avenue:** www.432parkavenue.com
One57: 157 W 57th Street, www.one57.com · **111 West 57th Street:** www.111w57.com

Der Luxuswohnturm 432 Park Avenue ist der wohl markanteste unter den neuen superhohen und superschmalen Wolkenkratzern von Manhattan.

Man muss keine Vorkenntnisse mitbringen, um einmal mit dem Kajak auf dem Hudson zu paddeln – Abenteuer-Feeling, Panoramablick und Spaß garantiert.

Mit dem Kajak in New York

59

Um die Skyline von Manhattan zu bewundern, muss man nicht unbedingt nach New Jersey fahren. Denn vom Wasser aus geht es auch. Doch vor die schöne Aussicht hat der liebe Gott das Paddeln gestellt. In mehreren Bootshäusern bekommt man ein Kajak, eine Schwimmweste – und los geht's!

Wer denkt, dass Kajakfahren auf dem Hudson nur etwas für Betuchte oder Sportklubmitglieder ist, der irrt. Denn gleich mehrere Vereine bieten zwischen Mai und Oktober Kajaks kostenlos an. Großzügige Spender machen's möglich. Und natürlich die vielen ehrenamtlichen Helfer: Sie pflegen die Bootshäuser und Boote und geben diese an den Wochenenden an Freizeitsportler aus, hängen ihnen eine Schwimmweste um und geben Tipps für die ersten Versuche auf dem Wasser. Zum Beispiel im Manhattan Community Boathouse am Pier 96, im Downtown Boathouse am Pier 26 oder im Brooklyn Bridge Park Boathouse zwischen Pier 1 und 2. Erfahrung ist nicht nötig – selbst Familien mit Kindern können hier ausprobieren, wie es ist, einmal zwei Fuß unter der Wasseroberfläche zu sitzen und sich paddelnd auf dem Hudson zu bewegen.

Große Exkursionen sind freilich nicht drin: Die Gratisfahrten sind auf eine halbe Stunde beschränkt – schließlich wollen viele mal aufs Wasser –, und man muss in der kleinen Bucht zwischen den Piers bleiben. Sicherheit wird in Amerika ja immer großgeschrieben, und so muss stets ein wachsames Auge die kleine Schar an bunten Booten im Blick haben. Trotzdem ist es eine tolle Erfahrung und ein ganz neuer Blickwinkel, wenn man selbst auf dem Hudson paddelt und vom Wasser aus die New Yorker Skyline entdeckt.

Längere Kajaktouren, selbst eine Paddeltour rund um Manhattan, sind bei anderen Anbietern im Programm, dann natürlich nicht mehr kostenlos und nicht auf eigene Faust, sondern in Begleitung eines Rettungsbootes. Manhattan Kayak am Pier 84 Boathouse nahe der 44. Straße bietet dies zum Beispiel an. So wird aus der paddelnden Aussicht eine veritable Stadtrundfahrt, tagfüllend dazu, und ein ständiger Perspektivenwechsel ist garantiert.

Manhattan Community Boathouse: www.manhattancommunityboathouse.org
Downtown Boathouse: www.downtownboathouse.org
Brooklyn Bridge Park Boathouse: www.bbpboathouse.org

60 Die feine englische Art

Nur die betuchteren New-York-Besucher werden im »Plaza« absteigen, aber man muss ja nicht gleich im Luxushotel übernachten, um ein wenig Atmosphäre zu schnuppern. Der Nachmittagstee im eleganten Palm Court wird hier ganz nach feiner englischer Art zelebriert.

Nach einem langen Spaziergang durch den Central Park gibt es keine stilvollere Erholungspause als im »Plaza«-Hotel. Jeden Nachmittag wird hier unter dem großen Oberlicht im Wintergarten-Ambiente des Palm Court ein eleganter Afternoon Tea aufgetischt. Zu dampfenden Tassen Tee werden silberne Etageren voll kleiner Sandwiches, warmer Scones, Küchlein und Petits Fours angeboten. Dazu gibt es, ganz englisch, Erdbeermarmelade, *clotted cream* und *lemon curd*. Die Auswahl an feinen Tees liest sich wie eine Weinkarte (der Grand-Cru-Schwarztee »Yunnan Buds« etwa hat ein »wunderbar reiches Aroma mit Noten von Trüffel, Tabak, Bienenwachs und Leder«). Aber wer ein stärkeres Gebräu bevorzugt, wird sicher auch unter der Auswahl an Champagnern und Cocktails fündig. Wie wäre es zum Beispiel mit einem »Gatsby Mint Julep« oder einem »NYC Cosmopolitan« zum Ausklang eines schönen Nachmittags – oder zum Auftakt eines aufregenden Abends?

Seit den Anfangstagen des Hotels, also seit mehr als hundert Jahren, wird diese Nachmittagsteetradition schon gepflegt. 1907 eröffnete das im Stil eines französischen Renaissanceschlosses gebaute »Plaza« seine Tore. Wer als Besucher etwas auf sich hielt, wohnte nun entweder hier oder im »Waldorf-Astoria«. Eine der charmantesten Bewohnerinnen des Hotels ist Kay Thompsons Eloise, die Heldin eines der meistgelesenen amerikanischen Kinderbücher, das 1955 veröffentlicht wurde. Die sechsjährige Eloise wohnt im »Plaza« und macht das Hotel zu ihrem privaten Spielplatz. Sie fährt im Fahrstuhl, tobt durch die langen Korridore und führt ihre Schildkröte an der Leine spazieren. Natürlich gibt es im Hotel längst einen Eloise-Shop, eine Eloise-Teatime für die Kleinen und sogar ein rosafarbenes Eloise-Zimmer.

The Palm Court at »The Plaza« · Afternoon Tea tägl. 12–17 Uhr · 768 Fifth Avenue
New York, NY 10019 · Midtown · Tel. 212/546 53 00
www.theplazany.com/dining/the-palm-court · Subway N/R/W bis 5 Avenue-59 Street

Wie ein mächtiges Schloss erhebt sich das »Plaza«-Hotel über der Südostecke des Central Parks.
Im Palm Court genießt man einen klassischen Nachmittagstee.

For My Dream Girl, My Buboi,
My Wife. I love You Stella.
Kane
Nov. 21, 2009

Von zarten Liebesschwüren bis zu wehmütigen Erinnerungen – viele Bänke im Central Park tragen sehr persönliche Widmungen.

Central Parks Bankgeheimnisse

61

Mehr als 9000 Holzbänke gibt es im Central Park, die aneinandergereiht eine Länge von elf Kilometer hätten, genug also, um auf ausgedehnten Spaziergängen ein Plätzchen zum Ausruhen zu finden. Das Besondere: Viele der Bänke erzählen sehr persönliche kleine Geschichten.

Seit 1986 gibt es über das Programm »Adopt a Bench« die nicht ganz billigen Bankpatenschaften: Mit einer Spende von 10 000 Dollar wird man Pate einer Bank im Central Park. Diese erhält dafür eine personalisierte Metallplakette. Fast die Hälfte aller Bänke ist bereits auf diese Weise »adoptiert« worden – ein nicht unerhebliches Spendenaufkommen für die Central Park Conservancy. Für aufmerksame Besucher verstecken sich hinter den kleinen Plaketten anrührende und teils rätselhafte Geschichten. Viele erinnern an geliebte Menschen, an glückliche Momente: »In loving memory of Tille Goldman. She loved New York in June. She loved a Gershwin tune. Central Park was her estate for 95 wonderful years (1906–2001).« Viele sind auch Liebeserklärungen an die Stadt New York: »Mary Roth Reno. New York was her first love. Central Park was her passion.«

Manchmal hat man das Gefühl, dass hier ganze Lebensgeschichten in etwa so vielen Wörtern erzählt werden wie sie in eine Twitter-Botschaft passen – maximal 4 Zeilen à 30 Zeichen haben auf den Plaketten Platz. »For C&B, who survived the Holocaust, and began a life in this city. With deep love and abiding memory, from your children and grandchildren«, heißt es da etwa. Unter den zahllosen Liebeserklärungen (»Leonard dear, meet me here. I love you, Janet«) sind sogar gravierte Heiratsanträge. Manche Plaketten lassen schmunzeln: »I love you very much and look forward to marrying you… but if we have a fight, you can always sleep here.« Andere geben Rätsel auf: »Entirely of Possibility« heißt es auf einer, »Two Red Foxes and a Pup« auf einer anderen. Und wieder andere laden einfach dazu ein, Platz zu nehmen und den Park zu genießen: »Sit. Relax. Take a deep breath. Enjoy the day.« Das sollte man sich nicht zweimal sagen lassen.

Central Park · Bänke sind quer durch den Park verteilt, beispielsweise an der Mall

Verschlungene Pfade führen zu literarischen Höhen und botanischen Zitaten:
Im Shakespeare Garden kann man herrlich lustwandeln und lesen.

Ode an Shakespeare

Anlässlich des 300. Todesjahres von William Shakespeare wurde 1916 der zauberhafte Shakespeare Garden im Central Park angelegt. Der etwas versteckt liegende Garten wurde mit zahlreichen Pflanzen bestückt, die in den Theaterstücken und Sonetten des Dichters vorkommen.

»Schöne Blumen wachsen langsam, nur das Unkraut hat es eilig«, klagte William Shakespeare, der sich mit Pflanzen bestens auskannte. Auch in seinen Stücken dienten ihm Kräuter, Blumen und Bäume dazu, in den Köpfen der Zuschauer Bilder hervorzurufen. So beschreibt er etwa den Feenhügel im »Sommernachtstraum« mit duftendem Geißblatt, Veilchen und Quendel, während das Gift der mysteriösen Hebenon-Pflanze in »Hamlet« den dänischen König tötet und die tragische Heldin Ophelia einen Kranz aus Butterblumen, Brennnesseln, Gänseblümchen und wilden Orchideen flicht.

Wissenschaftler haben an die 120 Pflanzen in Shakespeares Stücken identifiziert, die zu seinen Lebzeiten in England heimisch waren oder dort in Gärten kultiviert wurden. Einige davon findet man auch im romantischen Shakespeare Garden mitten in New York. Hinter einem rustikalen, aus Ästen gezimmerten Tor kann man auf gewundenen Pfaden im üppig bepflanzten Garten lustwandeln. Plaketten mit den passenden Shakespeare-Zitaten verraten, um welche Pflanzen es sich handelt. Man muss sich aber nicht unbedingt für das literarisch-botanische Wissen interessieren, denn das Areal ist in jedem Fall eine herrliche Oase. Und schrieb nicht schon Shakespeare in »Romeo und Julia«: »Was ist ein Name? Was uns Rose heißt, wie es auch hieße, würde lieblich duften.«

Ganz in der Nähe befindet sich übrigens das Delacorte Theater, eine Freiluftbühne, auf der von Juni bis August im Rahmen von »Shakespeare in the Park« seine Theaterstücke aufgeführt werden. In dieser beliebten Reihe haben im Laufe der Jahre schon Stars wie Al Pacino und Meryl Streep mitgewirkt. Die Tickets sind kostenlos, man muss sich nur am Tag der Vorstellung dafür anstellen.

Shakespeare Garden · Central Park · West Side, Höhe 79th Street
Shakespeare in the Park · www.publictheater.org/Free-Shakespeare-in-the-Park
Subway A/C, B bis 81 Street-Museum of Natural Hist.

03 Per Fahrrad durch New York

Lange Zeit galten New Yorks Straßen für Radler als so gefährlich, dass sich nur die Mutigsten hinauswagten. Das hat sich geändert. Fahrradfahren ist zur Selbstverständlichkeit geworden, überall gibt es Leihmöglichkeiten – eine tolle Art, die Stadt einmal ganz anders und individuell zu erfahren.

Bürgermeister Bill de Blasio ließ das Radwegenetz fleißig ausbauen. Seit 2010 sind fast 500 Kilometer neue Fahrradwege und -spuren hinzugekommen, sodass es nun mehr als 1600 Kilometer gibt, die meisten davon in Brooklyn, gefolgt von Manhattan. Nahezu 40 Prozent sind vom Autoverkehr geschützte und abgetrennte Spuren. Auf diesen grün markierten »protected lanes« können sich Radfahrer sicher fühlen. Kein Wunder also, dass sich immer mehr Menschen hier in den Sattel schwingen. Dazu kommt das inzwischen allgegenwärtige Fahrradverleihsystem CitiBike: Mittlerweile gibt es über 700 Leihstationen, an denen man eines der rund 12 000 blitzblauen Räder ausleihen kann. Besucher können zwischen Ein- und Dreitagespässen wählen, die Anmeldung erfolgt per Kreditkarte. CitiBike hat allerdings den Haken, dass nur die erste halbe Stunde im Grundpreis enthalten ist. Dann muss das Rad geparkt werden, damit keine weiteren Kosten anfallen, und man kann mit dem nächsten Fahrrad weiterfahren.

Wer lieber die Stadt erkunden möchte, ohne auf die Uhr und nach der nächsten Leihstation zu schauen, ist mit einem anderen Fahrradverleih, etwa BikeRent NYC (am Südende des Central Parks), besser beraten. Die zehn Kilometer lange Rundtour um den Park ist ohnehin eine der schönsten, die die Stadt zu bieten hat. Weitere Highlights für Radfahrer: der Hudson River Greenway, ein fast 18 Kilometer langer Fahrrad-Highway entlang des Flusses, der mit großartigen Ausblicken vom Battery Park bis hinauf zur George-Washington-Brücke führt. Wer einmal in einen anderen *borough* schnuppern möchte, kann sich mit dem Rad über die Brooklyn Bridge auf den Weg nach Brooklyn machen. Im Sommer lockt die autofreie Governors Island (siehe S. 25), wo man Räder mieten und die Insel erkunden kann.

Fahrradfahren · Fahrradkarte: www.nycbikemaps.com/maps/manhattan-bike-map · Fahrradverleih über CitiBike · www.citibikenyc.com/about · www.nycgovparks.org/facilities/bikeways

Dank der allgegenwärtigen Leihstationen und vieler neuer Fahrradwege
lässt sich New York nun auch bestens mit dem Fahrrad erkunden.

Ganz wild wirkt die New Yorker Fauna nicht immer, aber wer genau hinsieht und weiß, wo er suchen muss, kann so manch ungewöhnliches Tier entdecken.

Wilde Tiere im Großstadtdschungel

64

Einer modernen Legende zufolge leben in der New Yorker Kanalisation Alligatoren – das ist natürlich Quatsch. Aber viele andere wilde Tiere fühlen sich im Big Apple tatsächlich sehr zu Hause. Wer weiß, wo, bekommt mit ein wenig Glück Falken, Hirsche, Robben und Co. zu Gesicht.

Allein in Manhattan drängen sich circa 10 000 Bewohner auf einem Quadratkilometer. Nicht gerade ideale Bedingungen für wild lebende Tiere, würde man denken, höchstens für Tauben und Ratten. Doch die Parks und Küsten der Stadt bieten Hunderten von Tierarten ein Zuhause. Selbst Kojoten und Füchse leben mittlerweile in New York, wobei sich die scheuen, nachtaktiven Gesellen nur selten blicken lassen. Man findet sie beispielsweise im Alley Pond Park in Queens, oder im Van Cortlandt Park und im Pelham Bay Park in der Bronx. Der riesige Pelham Bay Park ist etwa dreimal so groß wie der Central Park und bietet mit seinen Wäldern, Stränden und dem Marschland ideale Bedingungen, um Vögel, aber auch Robben zu beobachten, die sich am Orchard Beach gerne sonnen.

Aber auch in Manhattan gibt es jede Menge Möglichkeiten, frei lebenden Tieren zu begegnen, etwa bei einem Spaziergang durch den Central Park. Mehr als 200 Vogelarten kann man hier sehen, besonders gut bei »The Ramble«, einem Waldstück zwischen der 73. und 78. Straße. Verschiedene Sing-, aber auch Raubvögel tummeln sich hier. Vom Summit Rock hat man einen tollen Rundumblick. Besonders Rotschwanzbussarde haben sich in New York ausgebreitet. Der bekannteste von ihnen hat sogar einen Namen – »Pale Male« – und eine treue Anhängerschaft. Er bzw. sein Nachkomme lebt seit den frühen 1990er-Jahren auf einem Wohnhaus an der Fifth Avenue, Ecke 74. Straße. Wer den Raubvogel nicht live entdeckt, kann auf urbanhawks.blogs.com verfolgen, was er und seine Gefährtin Octavia so treiben. Weniger schwer zu fassen sind die Schildkröten im Central Park. Vor allem am See in der Parkmitte finden sich zahlreiche Zier- und Rotwangen-Schmuckschildkröten, die sich gern auf den Steinen am Ufer sonnen.

Tierbeobachtung · Der Urban Wildlife Calendar auf der Webseite der Parks zeigt, wo man welche Tiere sehen kann: www.nycgovparks.org/programs/wildlife-management/calendar

65 Ahoi! Auf zur Modellboot-Regatta

Als Olmsted und Vaux 1858 ihren Plan für einen großen Stadtpark vorstellten, planten sie auch ein »Conservatory«, ein Gewächshaus für tropische Pflanzen. Nachdem die Kosten dafür zu hoch waren, schufen die Landschaftsarchitekten, inspiriert vom Grand Bassin im Jardin du Luxembourg in Paris, ein ovales Wasserbecken, das heute »Conservatory Water« heißt – im Volksmund aber als »model boat pond« bekannt ist. Wie im Paris des 19. Jahrhunderts ließen nämlich auch bald die New Yorker hier Modellboote schwimmen. Noch heute treffen sich samstags Mitglieder des Central Park Model Yacht Club zu Regatten, aber auch Besucher können im Boathouse eine Mini-Jacht ausleihen.

Conservatory Water · Central Park Höhe 74th Street · Bootsverleih April–Oktober
www.centralpark.com · Subway 4/6 bis 68 Street

66 Kunst auf dem Dach

Was der Louvre für Paris oder die Eremitage für St. Petersburg, ist das Metropolitan Museum für New York: eine gigantische Kunstschatzkammer. In mehr als 400 Galerien sind Werke aus fünf Jahrtausenden ausgestellt. Man bräuchte Tage, wenn nicht gar Wochen, um sich alles anzusehen. Also ist Mut zur Lücke gefragt. Am besten sucht man sich ein oder zwei Abteilungen heraus – und belohnt sich danach mit einem Besuch auf der herrlichen Dachterrasse. Von Mai bis Oktober gibt es hier eine meist spektakuläre Kunstinstallation, außerdem eine Bar, an der man sich mit Getränken und Snacks versorgen kann – und dazu den wohl besten Blick über den Central Park.

Metropolitan Museum/Cantor Roof Garden · Mai–Okt. So–Do 10–17.30, Fr, Sa 10–21 Uhr
1000 Fifth Avenue · New York, NY 10028 · Tel. 212/731 14 98
www.metmuseum.org · Subway 4/5/6 bis 86 Street

Mast- und Schotbruch und allzeit ein Fuß Wasser unter dem Kiel!
Jeden Sommer anders, aber immer sehenswert: Kunst auf dem Dach des Met

Im Hallett Nature Sanctuary wird die Wildnis perfekt inszeniert und orchestriert.

Ein Stückchen Wildnis

Es gibt sie noch, die wilden Ecken im Central Park. Das Hallett Nature Sanctuary ist so ein kleines Stück Natur mitten im Großstadtdschungel. 1934 wurde das 1,6 Hektar große Waldstück, das die Parkdesigner wohl wegen der vielen Schieferfelsen »The Promontory« (Felssporn) genannt hatten, eingezäunt und als Vogelschutzgebiet sich selbst überlassen. Erst 2001 begann man damit, die überwucherte Ecke in der Südostecke des Parks zu zähmen, neobiotische Pflanzen gegen heimische Arten auszutauschen und mäandernde Wege anzulegen. 2016 wurde das Sanctuary wieder für Besucher geöffnet, die nun in der sorgfältig gepflegten »Wildnis« viel Ruhe erleben können.

Hallett Nature Sanctuary · Central Park · Südostecke Höhe 60th-62nd Street, südlich Wollman Rink · www.centralparknyc.org · Subway N/R/W bis 5 Avenue

68

Geheimer Garten

Neben den großen öffentlichen Parks und Grünanlagen gibt es in New York auch einige *community gardens*, die von Freiwilligen aus der Nachbarschaft liebevoll gepflegt werden. Einer der ältesten und schönsten ist der West Side Community Garden zwischen Columbus und Amsterdam Avenue. Die Idee, ein verwahrlostes Grundstück in eine grüne Oase mit einem blühenden Amphitheater zu verwandeln, geht ins Jahr 1975 zurück. Heute kümmern sich viele ehrenamtliche Helfer um die Gemüse- und Blumenbeete. Im Frühling, wenn mehrere Tausend Tulpen in allen Farben blühen, ist der Garten ein wunderschönes Blütenmeer; im Sommer wird er zur Kulisse für Freiluftkonzerte.

West Side Community Garden · 123 West 89th Street · New York, NY 10024 Upper West Side · www.westsidecommunitygarden.org · Subway 1/2 bis 86 Street

09

Das »Dakota« – Domizil der Stars

Verlässt man den Central Park im Westen auf Höhe der 72. Straße, ragt das »Dakota« wie eine Trutzburg auf. Im ersten Luxusapartmenthaus der Stadt wohnen seit 1884 die Reichen und Berühmten. Traurige Berühmtheit erlangte es selbst 1980 als Schauplatz der Ermordung von John Lennon.

Heute schießen an allen Ecken der Stadt neue Luxusapartmenthäuser in die Höhe. In den 1880er-Jahren galt die Idee als revolutionär: Bauunternehmer Edward Clark versuchte, die Wohlhabenden, die in Villen und *townhouses* residierten, in ein exklusives Mehrparteienhaus zu locken. Nur in den Elendsquartieren auf der Lower East Side hatten bislang mehrere Familien unter einem Dach gehaust. Im »Dakota« sollte es den vermögenden Bewohnern freilich an nichts mangeln: vier Meter hohe Decken, luxuriöse Ausstattung, Zentralheizung, Concierge-Service, private Innenhöfe und Gärten mit Tennis- und Crocketplätzen waren nur einige der Annehmlichkeiten. Erker, Dachgauben, Türmchen und Balkone zieren das Gebäude im französischen Renaissancestil, das ursprünglich 65 Wohnungen beheimatete. In den heute wegen ihres Blicks besonders begehrten Dachgeschossen lebten damals die Dienstboten.

Die Lage an der Upper West Side, direkt am Central Park, ist längst eine der exklusivsten Adressen der Stadt. Damals jedoch war dies kaum bebautes Niemandsland, der benachbarte Park war seit gerade zehn Jahren fertiggestellt. So abgeschieden erschien vielen die Lage, dass die Legende aufkam, der Name sei eine Anspielung auf die »Dakota Territories« weit draußen im Westen der USA – tatsächlich aber hatte Clark ein Faible für die Dakota-Indianer. Die Exklusivität des »Dakota« wussten im Lauf der Jahrzehnte viele Berühmtheiten zu schätzen: Andrew Carnegie, Lauren Bacall, Rudolf Nurejew, Leonard Bernstein und John Lennon haben hier gewohnt. Geld allein reicht aber nicht aus, um hier ein Apartment zu beziehen – so wurden beispielsweise Madonna, Cher und Billy Joel von der Eigentümervereinigung abgelehnt. John Lennons Witwe Yoko Ono jedoch lebt heute noch hier.

»The Dakota« · 1 West 72nd Street · New York, NY 10023 · Upper West Side
Subway A/C, B/D bis 72 Street · kein öffentlicher Zugang

Gut bewehrt und vergittert: Hinter diesem Tor fühlen sich Stars geborgen.

Die Dino-Skelette sind die Stars des Naturkundemuseums. Einige wenige Besucher können das Museum nachts erkunden und im Schatten des Blauwals übernachten.

70

Nachts im Museum

Die Nacht birgt viele Geheimnisse, und wer hat nicht schon einmal davon geträumt, sich nachts im Museum einschließen zu lassen, um einigen davon auf die Spur zu kommen? Im American Museum of Natural History können kleine wie große Besucher bei ganz besonderen Übernachtungsbesuchen genau das tun.

Wenn es dunkel wird im Museum, erwacht die Bronzefigur von Theodore Roosevelt zum Leben, und das Gerippe des T-Rex läuft plötzlich durch die Hallen und will Stöckchen apportieren. So weit zumindest in der Filmkomödie »Nachts im Museum« (2006), in der Ben Stiller als Nachtwärter mit den lebendig gewordenen Exponaten im New Yorker Naturkundemuseum zu kämpfen hat. Wer das Museum selbst einmal bei Nacht erleben möchte, kann das bei den beliebten »Sleepovers« tun. Die Plätze sind meist schnell ausverkauft – obwohl die Preise mit 145 Dollar für Kinder und 350 für Erwachsene (inklusive feinem Abendessen mit Champagner und Livemusik) durchaus gesalzen sind. Dafür kann man sich auf einen ebenso abenteuerlichen wie exklusiven Museumsbesuch gefasst machen.

Mit Taschenlampen bewaffnet, darf man das fast menschenleere Haus auf eigene Faust erkunden. Auf vier Stockwerken, die sich über ebenso viele Häuserblocks erstrecken, findet jeder seine Lieblingsabteilung oder -exponate. Vielleicht der gigantische Titanosaurus, der so groß ist, dass er den Kopf aus der Fossilienhalle streckt, das Schmetterlings-Konservatorium, in dem von Oktober bis Mai Hunderte Schmetterlinge frei herumflattern, oder die wunderbar lebensechten Dioramen? Das Museum ist eine echte Schatzkammer der Naturgeschichte dieser Erde, mit mehr als 30 Millionen Objekten, von denen aus Platzgründen nur etwa ein Prozent ausgestellt ist. Gegen Mitternacht schlüpfen die meisten Übernachtungsgäste dann müde von den vielen Eindrücken in ihre Schlafsäcke, die auf Feldbetten in der Milstein Hall of Ocean Life ausgebreitet sind. Die Decke leuchtet tiefblau, und ganz oben schwebt das mehr als 28 Meter lange, lebensechte Modell eines Blauwals. Magisch!

American Museum of Natural History · Sleepovers: 17.45–9 Uhr
Central Park West, 79th Street · New York, NY 10024 · Upper West Side
www.amnh.org/plan-your-visit/amnh-sleepovers · Subway A/C bis 79th Street

71 Jazz am Lincoln Center

Das Lincoln Center an der Upper West Side beherbergt die New Yorker Ikonen der Hochkultur: die weltberühmte »Met«, das Lincoln Center for the Performing Arts, die Philharmonie oder die Juilliard School. Mittlerweile wurden dort aber auch ein paar kleinere Preziosen angesiedelt, etwa ein Jazzklub.

In den 1950er-Jahren war die einst schicke Gegend westlich des Central Parks ziemlich heruntergekommen, und Stadtplaner wurden beauftragt, mit einem gewaltigen Kulturzentrum einen Umschwung herbeizuführen. 1961, kurz vor dem Abriss, dienten die alten Häuser noch als Filmkulisse der »West Side Story«, passend zu deren Namen. Dann kamen die Bagger, und es entstanden die Neubauten berühmter Architekten rund um den Lincoln Square. Später wollte man auch andere Zielgruppen als die typischen Opern-, Theater-, Ballett- und Symphoniebesucher sowie die Absolventen der Elite-Kunst-Uni ansprechen und veranstaltete seit 1987 auch Jazzkonzerte, was 1992 in die Gründung von »Jazz at Lincoln Center« mündete, abgekürzt JALC, mit Sitz im Time-Warner-Gebäude.

Zu dieser Zeit waren die berühmten und berüchtigten Jazzklubs in Harlem längst geschlossen, aber viele neue hatten sich überall in Manhattan angesiedelt – vom »Birdland« über »Blue Note« bis zu »Small's« – und lockten viele bekannte Musiker in die Stadt. Bis heute ist New York die Jazz-Hauptstadt, nicht nur der USA. Die künstlerische Leitung von JALC übernahm der Trompeter Wynton Marsalis, und neben drei Konzertsälen und einem Tonstudio sowie der Jazz Hall of Fame gibt es auch einen kleinen Jazzklub, der zu den besten in New York zählt. Benannt ist dieser nach Dizzy Gillespie, dem großen Meister der Jazztrompete, und einen Sponsor gibt es auch, dessen koffeinhaltige Brause man aber nicht trinken muss, denn es locken zur guten Musik auch erlesenes Essen, beste Weine und ausgefallene Cocktails. Jeden Abend werden zwei Shows geboten, mit bekannten, weniger bekannten und neuen Namen. Oft dürfen auch die Studenten der Juilliard-School-Jazzklasse auftreten.

»Jazz at Lincoln Center«, »Dizzy's Club Coca-Cola« · 10 Columbus Circle
New York, NY 10023 · Upper West Side · Tel. 212/258 98 00 · www.jazz.org
Subway A/C, B/D bis 59 Street-Columbus Circle

»Jazz at Lincoln Center« verspricht allabendlich erstklassige Performances.

Man muss genau hinsehen, um den für gläubige Juden so wichtigen Eruv zu entdecken.

72

Der Draht, der Manhattan zum Wohnzimmer macht

Knapp 30 Kilometer weißer, durchscheinender Draht spannen sich um große Teile von Manhattan, von einem Strommast zum nächsten. Die wenigsten Menschen bemerken ihn, und selbst dann halten sie ihn meist für eine elektrische Leitung. Dabei hat er eine ganz andere wichtige Aufgabe für gläubige Juden.

Eruv heißt dieser dünne Draht, und es gibt ihn auch in anderen Städten mit einer großen jüdischen Bevölkerung. Der Sabbat ist für die Juden ein Tag der Ruhe, und zahlreiche Tätigkeiten sind daher an diesem Tag verboten. Außerhalb der Wohnung Dinge zu tragen, egal ob Bücher, Einkäufe oder Kinder, wird ebenfalls als Arbeit angesehen und ist deshalb nicht erlaubt. Der Eruv nun bildet eine symbolische Grenzlinie rund um Manhattan, der den privaten Bereich auf die öffentlichen Straßen der Stadt ausdehnt. Alles, was er umschließt, gilt als Wohnbereich. Wer also innerhalb dieser Markierung etwas trägt, bricht das Sabbatgebot nicht. Das ist auch nötig in einer so rastlosen Stadt wie New York mit so vielen jüdischen Bewohnern – rund 240 000 leben in Manhattan.

Dabei geht die Idee, den privaten Raum auf den öffentlichen auszuweiten, auf findige Rabbiner im Altertum zurück. Damals definierten Stadtmauern die Grenze, heute ist es in New York ein dünner, weißer Draht in luftiger Höhe. Entscheidend ist immer noch, dass der Eruv keine Lücke hat. Rund 100 000 Dollar im Jahr lässt sich eine Gruppe orthodoxer Synagogen die Aufrechterhaltung des Eruv kosten. Zwei hasidische Rabbiner fahren donnerstags und freitags jeden Meter der hauchdünnen Grenze ab; ist der Draht irgendwo gerissen, wird die Stelle möglichst schnell repariert, damit der Eruv bis Freitagabend wieder überall intakt ist. Begonnen wurde das Projekt in den 1990er-Jahren an der Upper West Side und hat sich seitdem von der 126. Straße in Harlem bis hinunter zum Battery Park und wieder hoch zur 111. Straße am East River entlang ausgedehnt. Rund zwei Drittel von Manhattan umspannt der Draht mittlerweile. Wo genau die Sabbatgrenze verläuft, kann man online sehen – oder: Augen auf!

Manhattan Eruv · www.jewishcenter.org/manhattan-eruv.html

73 Der diskrete Charme der Bourgeoisie

Die New Yorker Barszene ist wie eine Kiesbank an der Isar: Jedes Mal, wenn man vorbeikommt, sieht sie wieder ganz anders aus. Doch es gibt auch eine Handvoll Klassiker, in denen die Zeit stehen geblieben zu sein scheint und das alte New York lebendig geblieben ist.

»Bemelmans Bar« im Luxushotel »The Carlyle« an der Upper East Side ist so eine klassische Bar, eine Hommage an die goldenen Vierzigerjahre. Die Bar ist gleichzeitig zeitlos elegant und auf charmante Weise verspielt: Das Art-déco-Ambiente mit dunklen Lederbänken, kleinen runden Tischen, dem gemusterten Fliesenboden und der mit 24-karätigem Blattgold vergoldeten Decke verströmt klassische Eleganz. Wären da nicht die matt golden leuchtenden Wände, sogar Lampenschirme, die über und über mit drolligen Figuren bedeckt sind. Eislaufende Elefanten, Zigarre rauchende Hasen, spazierende Giraffen im Sonntagsstaat und viele andere Tiere bevölkern hier den Central Park. In den Käfigen des Central Park Zoos sitzen dafür die Menschen. Wer sich an Szenen aus einem Kinderbuch erinnert fühlt, liegt ganz richtig: Gemalt hat diese Figuren nämlich der Kinderbuchautor und -illustrator Ludwig Bemelmans, der der Bar ihren Namen gab. Eineinhalb Jahre lang verbrachte er mit der Gestaltung des Lokals, das er unentgeltlich ausmalte. Nun ja, nicht ganz: Bemelmans und seine Familie durften in dieser Zeit kostenfrei im »Carlyle« wohnen, was sicher kein schlechter Deal war.

Charme der alten Schule herrscht auch beim Service vor: Rot livrierte Kellner und Barkeeper bedienen die Gäste ausgesucht zuvorkommend. Also nicht wundern, wenn man mit »Sir« oder »Miss« angesprochen wird. Die Cocktails sind ebenfalls formvollendet. Und wenn dann noch ein Pianist am Flügel oder ein Jazztrio aufspielen, erscheint einem auch der nicht ganz billige *cover charge* völlig gerechtfertigt, quasi als Eintrittsgeld in eine Bastion des alten New York. Und immerhin ist es auch nur ein Bruchteil dessen, was die Besucher von Konzerten im »Café Carlyle« auf der anderen Seite der Lobby hinblättern.

»Bemelmans Bar« · So, Mo 12–0.30, Di–Do 12–1, Fr, Sa 12–1.30 Uhr
»The Carlyle« · 35 East 76th Street · New York, NY 10021 · Upper West Side
Tel. 212/744 16 00 · www.rosewoodhotels.com · Subway Q bis 72 Street

Ledersofas und Hasen auf Goldgrund: das Ambiente für einen gepflegten Barbesuch

Ins frühere Whitney Museum ist das Met Breuer eingezogen. Nach ausgesuchter zeitgenössischer Kunst erwarten einen in der »Flora Bar« auch kulinarische Genüsse.

Neue Kunst im alten Whitney

74

Das New Yorker Kunstkarussell dreht sich munter. Das Metropolitan Museum hat neben seiner Mittelalter-Außenstelle Cloisters seit Neuestem auch eine Dependance für zeitgenössische Kunst, das Met Breuer, untergebracht im früheren Whitney Museum. Das wiederum ist in den Meatpacking District umgezogen.

Einladend ist er nicht gerade, Marcel Breuers trutziger 60er-Jahre-Bau aus Beton und Granit. Mit einem düsteren Bunker, einem Parkhaus, einer Betonfestung ist der wuchtige Kasten verglichen worden. »Brutalistisch« nannte man den Stil, und das Wort sagt eigentlich schon alles. Fast 50 Jahre lang war hier das Whitney Museum zu Hause, das jüngst in einen größeren Neubau von Renzo Piano umgezogen ist. Nun stellt hier seit 2016 das ehrwürdige Metropolitan Museum moderne und zeitgenössische Kunst aus. Dass ausgerechnet das »Met« in Breuers Museumsbau eingezogen ist, darf man schon als ironisch bezeichnen. Immerhin hatte die Kunstmäzenin Gertrude Vanderbilt Whitney ihre Sammlung moderner amerikanischer Kunst einst dem Metropolitan Museum angeboten. Mehr als 500 Werke waren es, darunter Bilder von Rockwell Kent, Georgia O'Keeffe und Edward Hopper. Das »Met« lehnte dankend ab. Daraufhin richtete Vanderbilt Whitney einfach ihr eigenes Museum ein.

Durch die stete Erweiterung der Sammlung war der vom ungarischen Architekten Marcel Breuer geschaffene Neubau für das Whitney Museum nun zu klein geworden, allerdings gehört das Breuer-Gebäude immer noch dem Whitney – das Metropolitan Museum hat die Räumlichkeiten vorerst nur gemietet. Dafür hat der neue Mieter gleich mal renoviert und Platz geschaffen. Wirkten die Ausstellungen im Whitney oft dicht gedrängt, gibt sich das neue Met Breuer auch optisch großzügig. Freunde zeitgenössischer Kunst sollten auf jeden Fall vorbeischauen (die Eintrittskarte vom Stammhaus gilt auch hier!). Im Untergeschoss wartet als Geheimtipp das schicke Restaurant »Flora Bar«, das auch nach Museumsschluss geöffnet hat. Hier gibt es eine feine Auswahl an Fisch, Meeresfrüchten und Tapas in edler Atmosphäre.

Met Breuer · Di–Do, So 10–17.30, Fr, Sa 10–21 Uhr · 945 Madison Avenue · New York, NY 10021
Upper West Side · Tel. 212/731 16 75 · www.metmuseum.org · Subway 6 bis 77 Street

75 Cupcakes auf Knopfdruck

New York ist zwar die Stadt, die niemals schläft – aber selbst hier liegt doch nicht an jeder Ecke ein 24/7-Supermarkt, und die allgegenwärtigen Drugstores halten nicht alles bereit, was die Millionen Herzen in der Stadt begehren. Abhilfe schaffen Automaten für alle Ansprüche.

In den meisten *vending machines* in New York finden sich Alltagsdinge wie anderswo auch – kalte Getränke, Kaffee und Snacks. Dazu kommen ausgefallenere Automaten für koscheres Essen und *health food*. Aber sogar in New York ist ein Automat, an dem es rund um die Uhr Cupcakes gibt, etwas Besonderes. Und da der Sprinkles Cupcake ATM zur Bäckerei nebenan gehört, sind die kleinen Törtchen garantiert immer frisch. Als Candace Nelson, die Mitbegründerin der Bäckereikette Sprinkles, vor ein paar Jahren während ihrer Schwangerschaft zu den unmöglichsten Zeiten Heißhungerattacken auf Süßes hatte, kam ihr Mann auf die Idee mit dem Cupcake-Automaten. Auf der Upper East Side, gleich schräg gegenüber vom schicken Kaufhaus Bloomingdale's, kann man seitdem an einem bonbonrosa Automaten rund um die Uhr süße kleine Küchlein mit Cremehaube kaufen. Fast 800 Stück fasst der Automat; gebacken werden sie in der Bäckerei gleich nebenan und mehrmals am Tag nachgefüllt, sodass es jederzeit frische Cupcakes gibt.

So geht »Frühstück bei Bloomingdale's«: morgens mit Cupcake und Kaffee in der Hand à la Audrey Hepburn die Auslagen im Nobelkaufhaus bewundern.

Das Prozedere ist denkbar einfach für jeden, der einen Bankautomaten zu bedienen weiß: am Bildschirm aus den bis zu 20 verschiedenen Sorten des Tages wählen, Kreditkarte einführen und, voilà, die süße Köstlichkeit in einer hübschen braun-rosa Schachtel aus der Automatenklappe nehmen. Die einzige Schwierigkeit ist es, sich zwischen all den leckeren Sorten zu entscheiden, etwa dunkle Schokolade, Zitrone-Kokos oder salziges Karamel. Natürlich kann man die Cupcakes tagsüber auch einfach nebenan in der Sprinkles-Bäckerei bestellen, aber erst der ATM macht den besonderen Gag aus.

Sprinkles Cupcakes · 780 Lexington Avenue · New York, NY 10065 · Upper West Side
www.sprinkles.com · Subway N/R/W bis Lexington Avenue-59 Street

Köstliche Küchlein mit Cremehaube gibt es an diesem Automaten rund um die Uhr.

76

Die große Unvollendete

Hoch im Norden von Manhattan liegt eine der größten christlichen Kirchen der Welt. Eine Länge von 183 Metern und eine Grundfläche von 11 240 Quadratmetern misst die Cathedral Church of Saint John the Divine – und ist doch erst zu zwei Dritteln fertiggestellt. Hier gibt es jede Menge zu entdecken.

1892 wurde in Morningside Heights der Grundstein gelegt für eine Kathedrale, die alles in den Schatten stellen sollte. Die Architekten George Lewis Heins und John LaFarge, die auch maßgeblich am Bau der New Yorker U-Bahn beteiligt waren, entwarfen eine Kathedrale im romanisch-byzantinischen Stil; zwei Jahrzehnte später schwenkte der Architekt Ralph Cram auf Neugotik um. Der resultierende Stilmix ist nur eine der vielen Besonderheiten der Kirche. Anfang der 1920er-Jahre schätzte man, dass es 700 Jahre dauern würde, die Kirche zu vollenden, da man sich gotischer Bauweisen bediente. Auch wenn der Bau im 21. Jahrhundert nicht mehr voranschreitet, ist alles hier atemberaubend groß, vom riesigen Kirchenschiff, in dem 5000 Besucher Platz finden, über die aus 10 000 Glasstücken zusammengesetzte Fensterrosette bis zur gewaltigen Orgel mit ihren mehr als 8500 Pfeifen. Hinter dem Hochaltar fächern sich sieben kleinere Kapellen auf. Hier findet sich auch ein in Bronze und Weißgold gestaltetes Altarbild von Keith Haring, das letzte Werk, das der Künstler vor seinem Tod 1990 vollendete. Sehenswert sind auch die Geschenke anderer Religionen, wie die Kisten für buddhistische Gebetsrollen, ein Geschenk des Kaisers von Siam, oder die beiden jüdischen Menora-Leuchter, die den Hochaltar flankieren.

Ein lebendiger Schatz wartet im Schatten der mächtigen Mauern: Der Biblical Garden ist ein grüner Hort der Ruhe, wo nur Pflanzen wachsen, die sich in der Bibel finden. Zwischen Lorbeer- und Pflaumenbäumen rahmen akkurat geschnittene Buchsbaumhecken üppige Blumenbeete ein. An den gotischen Gewölben ranken Rosen empor, während Bienen aus dem kircheneigenen Stock eifrig umhersummen. Und inmitten dieses Idylls stolzieren drei Pfauen herum.

Cathedral Church of Saint John the Divine · Mo–Sa 9–17, So 13–15 Uhr
1047 Amsterdam Avenue · New York, NY 10025 · Morningside Heights
www.stjohndivine.org · Subway 1 bis Central Parkway-110 Street

Der wunderschöne Garten ist nur ein Highlight von Saint John the Divine.

Auf der Bühne des »Apollo« begann die Karriere von so manchem Musikstar.

77

Neue Talente in Harlem

Mittwochabend im »Apollo«: Auf den steilen Rängen des legendären Theaters in Harlem tobt das Publikum, jubelt einem (noch) unbekannten Sänger zu. »Amateur Night at the Apollo« ist die Mutter aller Talentshows, schon so mancher Star wurde hier entdeckt.

Schon als das Theater an der 125. Straße 1934 seine Türen öffnete, war die »Amateur Night« ein fester Bestandteil des Programms. So wurde hier im ersten Jahr die junge Ella Fitzgerald entdeckt, die eigentlich als Tänzerin auftreten wollte und sich dann spontan entschied, lieber zu singen – und vom Fleck weg engagiert wurde. Die Karriere vieler weiterer Stars begann in der Talentshow auf dieser Bühne, von James Brown und Billie Holiday bis zu Lauryn Hill. Aber wer hier nicht überzeugt, wird gnadenlos ausgebuht. Denn es entscheidet keine Jury, sondern das Publikum – und das kann erbarmungslos sein. Wenn der Funke nicht überspringt, wenn die spärlichen Klatscher von Buhrufen übertönt werden, dann tritt der »Executioner« in Aktion. Seit mehr als drei Jahrzehnten ist er Kult, eine umjubelte Showeinlage innerhalb der Show. Der Steptänzer tritt in Kostümen schwarzer Musikidole wie Little Richard oder Prince auf und hat schon die Träume vieler hoffnungsvoller Tänzer und Musiker platzen lassen, wenn er sie unter dem Gejohle der Zuschauer von der Bühne eskortierte. Die Stimmung ist dafür immer grandios. Nur bei den jungen Talenten bis 14 Jahre, die im »Stars of Tomorrow«-Wettbewerb auftreten, spendet das Publikum großzügig Applaus. Hier sind Buhrufe tabu.

Längst sind nicht mehr alle Teilnehmer schwarz, nicht einmal amerikanisch. Selbst aus Japan kommen sie, um hier ihr Talent unter Beweis zu stellen. Auch das Publikum ist heute bunt gemischt. Das spiegelt auch die jüngste Entwicklung des Viertels wieder: Einerseits ist Harlem immer noch eine Art Hauptstadt des schwarzen Amerikas, andererseits haben in den letzten zehn Jahren auch immer mehr Weiße die Gegend als eine der letzten bezahlbaren Wohnviertel in Manhattan entdeckt. Im Apollo sind sie dann alle gleich – auf der Bühne zählt einzig und allein das Talent.

Apollo Theater · 253 West 125th Street · New York, NY 10027
Harlem · »Amateur Night« Mi 20 Uhr
Tel. 212/531 53 00 · www.apollotheater.org · Subway A/C, B/D bis 125 Street

78

Am Broadway steht ein Bauernhaus

Wie eine Fata Morgana erhebt sich über dem Broadway auf Höhe der 204th Street ein altes Bauernhaus aus dem 18. Jahrhundert, ein Relikt aus der holländischen Kolonialzeit. Eingerahmt von typischen Mietshäusern ist das Dyckman Farmhouse der älteste noch erhaltene Bauernhof der Insel.

Auf dem Broadway brandet der Verkehr, Menschen hasten vorbei. Doch wer sich die Zeit nimmt und den Ziegelsteinweg durch den Garten hinaufgeht, betritt eine andere Welt. Inwood heißt dieser nördlichste Zipfel der Insel Manhattan, wo Hudson- und Harlem River zusammenfließen und die Ureinwohner einst fischten und in den Wäldern auf die Jagd gingen. Das letzte Stück natürlicher, unberührter Wald in Manhattan findet sich heute im Inwood Hill Park, wo man auch die Höhlen sehen kann, die den Lenape-Indianern als Unterschlupf dienten. Nach einer Pockenepidemie und kriegerischen Zusammenstößen mit den Mohawks verließen die Lenape um 1643 die Gegend und machten so den Weg frei für einen holländischen Siedler, Jan Dyckman, der das Land rodete und eine Farm errichtete.

Das ursprüngliche Bauernhaus wurde im Unabhängigkeitskrieg zerstört und um 1784 neu aufgebaut. Vor etwa hundert Jahren überließen Dyckmans Nachkommen das Anwesen im holländischen Kolonialstil der Stadt New York, und es dient seitdem als Museum. Einige Räume wurden wieder so hergerichtet, wie sie im 18. und 19. Jahrhundert ausgesehen haben mögen. Mit seinen zwei Veranden und dem Garten, in dem Rosen, Lavendel und Glyzinien unter alten Birken um die Wette blühen, verströmt das Haus nach wie vor ländlichen Charme. Von den einst 250 Morgen Land ist aber gerade mal ein halber geblieben. Ein Kirschbaum steht stellvertretend für den Obstgarten, der sich hier einst befand, auch eine Räucherkammer und eine Militärbaracke für deutsche Söldner, die im Unabhängigkeitskrieg für die Briten kämpften, wurden rekonstruiert. Vom Dyckman Farmhouse bietet sich ein Spaziergang durch den nahen Fort Tryon Park an. Hier wartet auf der Anhöhe die großartige Kunstsammlung der Met Cloisters (siehe S. 150).

Dyckman Farmhouse · Do–Sa 11–16, So 11–15 Uhr · 4881 Broadway · New York, NY 10034 Inwood · Tel. 212/304 94 22 · dyckmanfarmhouse.org · Subway 1 bis 207 Street

Ländliches Idyll: Das Dyckman Farmhouse ist der älteste Bauernhof von New York.

79

Mittelalter in Manhattan

Ausgerechnet in New York, dieser zukunftsorientierten, sich stets neu erfindenden Stadt, gibt es eine der großartigsten Sammlungen mittelalterlicher Kunst und Architektur. Das Highlight der Cloisters aber, auch für Besucher, die mit alter Kunst nichts am Hut haben, sind die wunderschönen Gärten.

Als Zweigstelle des Metropolitan Museum können Besucher am selben Tag Met Cloisters (auf Deutsch: Kreuzgänge) mit ihrer Eintrittskarte gleich mitbesuchen. Wer mag, entscheidet sich für die einstündige Busfahrt; schneller geht es mit der U-Bahn nach Morningside Heights, wo man durch den Fort Tryon Park zum Museum spaziert. Auf einer Anhöhe im Park ragt die klösterlich anmutende Anlage empor, und man wähnt sich plötzlich in Frankreich. Kein Wunder, wurden für das Museum doch Gewölbe, Arkaden, Brunnen, Säulen, Kapellen und andere Bruchstücke von fünf französischen Klöstern verwendet, die abgebaut, über den Atlantik verschifft und dann hier wie ein gigantisches Puzzle stimmig zusammengesetzt wurden.

John D. Rockefeller Jr. ist es zu verdanken, dass im Norden von Manhattan ein Destillat mittelalterlicher (Bau-)Kunst zu finden ist, wie man es auch in Europa sonst so nicht zu Gesicht bekommt. 1925 erwarb der Sohn des Ölbarons die Sammlung des Bildhauers George Grey Barnard, der in Frankreich studiert und nebenbei beachtliche Schätze zusammengetragen hatte, vor allem französische, flämische und spanische Kunstwerke aus dem 12. bis 15. Jahrhundert. Rockefeller fügte noch seine eigenen Schätze hinzu, darunter die berühmten Einhorn-Tapisserien, und vermachte die Sammlung dem Metropolitan Museum – inklusive Standort für ein neues Gebäude. Sogar die Grundstücke auf der anderen Seite des Hudson kaufte er, um einen unverbauten Blick zu garantieren. So kann man durch die vier Kreuzgänge und drei Gärten lustwandeln und genießt die Aussicht über das bewaldete Flussufer. Und wenn man im romanischen Kreuzgang sitzt und auf das üppig blühende Gartenidyll blickt, in dessen Mitte ein Brunnen plätschert – dann fühlt man sich wie Gott in Frankreich.

The Met Cloisters · tägl. 10–17 Uhr · 99 Margaret Corbin Drive · Fort Tryon Park · New York, NY 10040 · Inwood · Tel. 212/923 37 00 · www.metmuseum.org · Subway A bis 190 Street

Stippvisite in Frankreich: Mittelalterliche Kunstschätze und Klosteranlagen wurden aus Europa importiert und hier im Fort Tryon Park wieder aufgebaut.

Einst vernachlässigt, ist DUMBO – Down under the Manhattan Bridge Overpass – längst ein beliebtes Viertel für Künstler und Kreative geworden.

80

DUMBO – neue Heimat für Kreative und Künstler

Eingerahmt von der Brooklyn Bridge auf der einen und der Manhattan Bridge auf der anderen Seite, umfasst DUMBO nur wenige Straßenzüge – aber die haben es in sich. In den früheren Lagerhäusern am East River tummeln sich heute Galerien, Restaurants und Boutiquen, in den Lofts leben viele Kreative.

New Yorker lieben es, ihre Stadt mit Abkürzungen und Akronymen geografischer Beschreibungen zu benennen, von SoHo (South of Houston Street) und Tribeca (Triangle below Canal Street) über neuere hippe Viertel wie NoMad (North of Madison Square) und eben DUMBO: Down under the Manhattan Bridge Overpass. Mit seinen kopfsteingepflasterten Straßen und den umgebauten Fabrikhallen und Lagerhäusern versprüht das winzige Viertel im Norden von Brooklyn jede Menge postindustriellen Charme. Einst wurden hier Putzschwämme, Pappkartons und Maschinen hergestellt, bevor in den 1970er-Jahren die ersten Künstler und Lebenskünstler kamen und der verwaisten Gegend neues Leben einhauchten.

Wer die Kreuzung Washington-/Water Street überquert und zum Fluss blickt, sieht die Manhattan Bridge zwischen den backsteinernen Häusern emporragen. Filmfreunde kennen diesen Blick vom berühmten Plakat zu Sergio Leones Gangster-Epos »Es war einmal in Amerika« (1984). Unter dem Brückenpfeiler lässt sich in der Ferne sogar das Empire State Building ausmachen. Manhattan ist hier zum Greifen nah und doch weit weg.

Vielleicht war es ja auch Jacques Torres, der dem lange heruntergekommenen und heute so hippen Viertel auf die Sprünge half. Der gefeierte Chef-Patissier verließ im Jahr 2000 das New Yorker Restaurant »Le Cirque« und eröffnete hier in einer alten Fabrikhalle seinen ersten Schokoladenladen. Halb New York pilgerte daraufhin zu »Mr. Chocolate« nach DUMBO, wo er vom Rösten der Kakaobohnen bis hin zum Conchieren natürlich alles in Handarbeit herstellt. Es gibt schokoladenüberzogene Granatapfelkerne, Pralinen, Trüffel und Schokotafeln mit gemahlenen Kaffeebohnen, ganzen Pistazien oder Ingwer. Und seine heiße Schokolade ist einfach ein Traum!

Jacques Torres Chocolate · Mo–Sa 9–20, So 10–18 Uhr · 66 Water Street
Brooklyn, NY 11201 · Tel. 718/875 12 69 · www.mrchocolate.com · Subway F bis York Street

81 Nostalgie-Karussell mit Aussicht

Eine luftige, quadratische Box aus Acrylglas, darin 48 sich munter drehende, wunderschön bemalte Holzpferde – das fast hundert Jahre alte Jane's Carousel ist ein echtes Schmuckstück, das dank Nostalgiecharme und Bilderbuchpanorama von Lower Manhattan nicht nur die Kleinen begeistert.

Herrlich ist der 1,8 Kilometer lange Spaziergang über die Brooklyn Bridge mit Schulterblick auf die Skyline von Lower Manhattan. Wer aber, auf der anderen Seite angekommen, gleich mit der U-Bahn zurückfährt, verpasst etwas! Denn gleich zu Füßen der Brücke lockt der Brooklyn Bridge Park, der sich mit vielen Grünflächen, Sport- und Spielplätzen entlang des East River erstreckt und ein grandioses Panorama hinüber nach Manhattan bietet. Eine mehr als zwei Kilometer lange Uferpromenade verbindet die Brooklyn Piers 1 bis 6. Kaum vorstellbar, dass hier noch vor zehn Jahren verlassene Werften und heruntergekommene Lagerhäuser standen, in die mittlerweile schicke Läden und Restaurants gezogen sind.

Highlight des Parks ist das historische Jane's Carousel aus dem Jahr 1922 mit seinem Logenplatz am East River. Jedes seiner 48 Pferde ist anders – mit Rüstung, federgeschmückt oder eine Kutsche ziehend, elegant schreitend oder im gestreckten Galopp. Einst stand das Karussell in einem Vergnügungspark in Ohio. Als es 1984 schließen musste, wären die Holzpferde um ein Haar alle einzeln verkauft worden. Zum Glück gelang es der Künstlerin Jane Walentas und ihrem Mann, das alte Karussell komplett zu ersteigern und nach Brooklyn zu schaffen. Hier restaurierten sie es jahrelang mit viel Liebe, bevor es 2006 im Brooklyn Bridge Park aufgestellt wurde. Der eigens dafür geschaffene Pavillon aus Acrylglas schützt das alte Karussell nun wie ein Schmuckkästchen vor Wind und Wetter. Er wurde vom französischen Stararchitekten Jean Nouvel entworfen und kostete satte neun Millionen Dollar – passend zur »million dollar view«. Am Wochenende herrscht viel Trubel, wenn jubelnde Kinder und händchenhaltende Liebespaare auf den Pferden ihre Runden drehen.

Jane's Carousel · Mitte Mai–Mitte Sept. Mi–Mo 11–19, sonst Do–So 11–18 Uhr · Dock Street Brooklyn, NY 11201 · www.janescarousel.com · Subway F bis York Street, A/C bis High Street

Die alten Karussellpferde aus den 1920er-Jahren wurden liebevoll restauriert.

Panoramablick auf Brooklyn Bridge und Manhattan: Das Karussell hinter Glas

82 So schmeckt Brooklyn

Man bräuchte Wochen, um all die fantastischen Restaurants von Brooklyn auszuprobieren. Zum Glück gibt es die neue DeKalb Market Hall, eine Ansammlung von etwa 40 Ständen unter dem Dach des riesigen City-Point-Einkaufszentrums. Hier schwelgt man in Delikatessen aus allen Ecken des Viertels.

Würde man die hier vertretenen Restaurants an ihren ursprünglichen Standorten abklappern, man käme quer durch Brooklyn – von Carroll Gardens (»Wilma Jean«) über Red Hook (»Steve's Key Lime Pie«) nach Bedford-Stuyvesant (»Pop Cake Shop«), Bushwick (»BK Jani«) und Crown Heights (»Bunsmith«), um nur eine Handvoll zu nennen. Lokale Spezialitäten sind ohne Frage die Stars der im Sommer 2017 neu eröffneten DeKalb Market Hall in Downtown Brooklyn. Bunt gemischt und sehr gelungen ist die Auswahl: Da gibt es vietnamesische Banh-Mi-Sandwiches vom angesagten »Bunker« aus Bushwick oder saftige Burger von »Hard Times Sundaes«, die man sonst nur an deren Foodtruck in Williamsburg bekommt. Bei der »Fulton Landing Seafood Company« steht man gern für gegrillten Fisch und Austern Schlange. Aber unbedingt Platz lassen für ein Eis von der »Ample Hills Creamery«! Auch »Cuzin's Duzin«, der hier mehr als 40 Jahre lang Donuts verkaufte und dann dem Neubau des City Point Einkaufszentrums weichen musste, hat nun im Untergeschoss ein neues Zuhause gefunden.

Das Kino Alamo Drafthouse lockt mit der amerikanischen Version eines gelungenen Abends: dinner and a movie, mit Essen am Platz.

Nicht alles kommt freilich aus Brooklyn. Da gibt es auch kolumbianisches Streetfood von der »Arepa Lady«, die man auf der Roosevelt Avenue in Queens findet, und den allerersten Ableger von »Katz's« (siehe S. 39), der Mutter aller Lower-East-Side-Delis, wo man für satte 21 Dollar ein wahrlich gewaltiges Pastrami-Sandwich bekommt. Zwischen all den Essensständen locken auch einige Lebensmittelbuden, an denen man zum Beispiel Brot (»Café d'Avignon«), Käse (»Belle Cheese«) oder Essiggurken (»Guss' Pickles«) kaufen kann. Brooklyn hat noch nie so gut geschmeckt!

DeKalb Market Hall · So–Mi 11–21, Do–Sa 11–22 Uhr · 445 Albee Square W Brooklyn, NY 11201 · www.dekalbmarkethall.com · Subway 2/3 bis Hoyt Street

Die DeKalb Market Hall musste zwar in den Keller der neuen Shopping Mall ziehen, bietet dafür aber alles, was Brooklyn kulinarisch so besonders macht.

Mmh, ist das köstlich! Samstags pilgern Alt und Jung nach Williamsburg, um in einer Rhapsodie von Fingerfood zu schwelgen.

Smorgasburg – Schlemmermarkt für Hipster

Auf der Suche nach ausgefallenem Streetfood, exotischen Delikatessen und leckeren Snacks auf die Hand? Sicher wird man da auch an den vielen quer durch die Stadt verteilten Imbissständen fündig werden. Doch nirgends ist das Angebot so riesig wie auf dem »Smorgasburg Food Market«.

»Smorgasburg« ist ein Wortspiel aus »Smorgasbord«, einem aus dem Schwedischen entliehenen Wort, das so viel heißt wie bunt gemischtes Buffet, und Williamsburg, dem Hipster-Viertel in Brooklyn, wo dieser angesagte Markt seit 2011 stattfindet. Und genau so ein bunt gemischtes Buffet erwartet Besucher in den warmen Monaten samstags im East River State Park. An die hundert Essensstände locken mit einer unglaublichen Vielfalt an süßen und salzigen Köstlichkeiten. Manche haben geradezu Kultstatus erreicht, sodass sich lange Schlangen bilden. So etwa bei »Ramen Burger«, der das Burgerfleisch zwischen zwei knusprig gegrillte »Brötchen« aus Ramen-Nudeln packt. Oder wie wäre es mit Mozzarellastäbchen vom Grill (»Big Mozz«), knusprigen Teigtaschen mit Pekingentenfüllung (»Destination Dumplings«), einem frischen Obstsaft, der direkt in der Frucht püriert wird (»John's Juice«) oder einem leuchtend lila Yamswurz- und Mango-Dessert (»Ube Kitchen«)? Hier ist für jeden Geschmack etwas geboten.

Ein Drei- bis Vier-Gänge-Menü auf die Hand ist hier schnell zusammengestellt, denn an allen Ecken brutzelt und duftet es verführerisch. Um dem Abfallwahnsinn entgegenzuwirken, sind Geschirr, Verpackungen und Bestecke kompostierbar. Und statt überteuertem, abgepacktem Wasser kann man sich seine mitgebrachten Flaschen an einer der vielen Trinkwasserstationen auffüllen. An manchen Samstagen pilgern bis zu 30 000 Besucher zum angesagten Food Market nach Williamsburg, sodass es nur eine Frage der Zeit war, bis Ableger von Smorgasburg auch an anderen Orten in der Stadt auftauchten. So kann man sonntags auch im Prospect Park zwischen Essensständen herumschlendern, es gibt ein Winterquartier und mit »Smorg Square« zuletzt sogar einen kleinen Vorgeschmack in Manhattan.

Smorgasburg Williamsburg · April–Nov. Sa 11–17 Uhr · East River State Park
90 Kent Ave. · Brooklyn, NY 11211 · www.smorgasburg.com

83

Kunst und Krempel unter der Manhattan Bridge

Anders als etwa in London oder Paris gibt es in New York keine Traditionsflohmärkte. Vor 20 Jahren ging man in SoHo oder Chelsea auf leer stehenden Grundstücken oder in Parkhäusern auf Trödeltour. Heute fahren passionierte Flohmarktgänger und Vintage-Fashion-Fans sonntags nach Brooklyn. In der wärmeren Jahreszeit schlägt der Brooklyn Flea unter der Manhattan Bridge in DUMBO seine Zelte auf. Während oben die Züge vorbeirumpeln, stöbert man hier zwischen Schallplatten, Mode, Schmuck und Nippes; ein paar Smorgasburg-Essensstände (siehe S. 161) sorgen für das leibliche Wohl. Es gibt auch ein Winter-Ausweichquartier in Industry City.

Brooklyn Flea DUMBO · April–Okt. So 10–17 Uhr · Manhattan Bridge Archway
80 Pearl Street · Subway F bis York Street
Winter Flea · Sa, So 10–17 Uhr · 241 37th Street · Brooklyn

85

Alles für wahre Superhelden

In diesem skurrilen Laden in Park Slope können sich Superhelden und solche, die es werden wollen, von Kopf bis Fuß ausstatten. Wo sonst findet man so unabdingliche Ausrüstungen wie Laserbrillen, Enterhaken, Anti-Schwerkraftgel, Wahrheitsserum oder Capes, deren Flattern man vor einem Ventilator prüfen kann? Oder wie wäre es mit einer großen Dose Omnipotenz oder Unsterblichkeit als Geschenk für den nächsten Geburtstag? Wie jeder richtige Superheld hat auch dieser Laden eine geheime Identität – die Erlöse kommen nämlich »826NYC« zugute, einer gemeinnützigen Nachhilfeschule, die sich hinter einem falschen Bücherregal hinter dem Laden verbirgt.

Brooklyn Superhero Supply Co. · 372 Fifth Avenue · Brooklyn, NY 11215
wechselnde Öffnungszeiten · Tel. 718/499 98 84
www.superherosupplies.com · Subway D, R bis 9 Street

Am Fuß der Manhattan Bridge kann man sonntags in Kitsch und Antiquitäten stöbern.
Das Cape ist, wie jeder weiß, unverzichtbares Accessoire aller Superhelden.

Nicht nur der friedhöfliche Landschaftspark, sondern auch die Aussicht auf Manhattan, sind einen Besuch des Green-Wood Cemetery wert.

86

Letzte Ruhestätte Brooklyn

Mit ihrem morbiden Charme üben alte Friedhöfe eine ganz besondere Faszination auf uns aus. Wenn sie dann auch noch landschaftlich so reizvoll sind wie der Green-Wood Cemetery in Brooklyn, mit seiner fantastischen Aussicht auf Manhattan, ist ein Besuch alles andere als gruselig.

Die weitläufige, knapp zwei Quadratkilometer große Parkanlage ist ein echtes Idyll, das man auf Spaziergängen zwischen den sanften Hügeln, Seen und Seerosenteichen erkunden kann. Am besten nimmt man sich am Besucherzentrum gleich hinter dem neugotischen Eingangstor einen Plan mit, um sich auf den mäandernden Wegen nicht zu verlaufen. Hier bekommt man auch Tipps für besonders sehenswerte Gräber und die letzten Ruhestätten historischer Persönlichkeiten. Rund 600 000 Menschen sind hier begraben, darunter Leonard Bernstein, Louis Comfort Tiffany und Lola Montez, außerdem Bürgerkriegsgeneräle, Künstler, Erfinder und Baseball-Legenden. Wer im 19. Jahrhundert etwas auf sich hielt, wollte hier seine letzte Ruhestätte haben.

Bevor der Green-Wood Cemetery 1838 auf dem höchsten Punkt Brooklyns angelegt wurde, fanden Beerdigungen auf dem Kirchhof statt. Einen parkähnlichen Friedhof wie diesen hatten die Menschen zuvor nicht gesehen. Schon bald wetteiferten wohlhabende New Yorker mit opulenten Grabstätten und Familiengruften, und rasch setzte ein regelrechter Friedhofstourismus ein. An den Wochenenden strömten die Besucher nach Green-Wood, machten Kutschfahrten, breiteten Picknickdecken aus und bestaunten die Mausoleen und Skulpturen. Um 1860 war der Friedhof die größte Touristenattraktion des Landes nach den Niagarafällen und diente als Inspiration für den Central Park. Noch heute gibt es mittwochs und sonntags geführte Touren mit einer historischen Straßenbahn und regelmäßig Sonderführungen, etwa auf den Spuren von Whiskybrennern oder Vogelbeobachtungen im Morgengrauen. Aber auch ohne Tour begegnet man vielleicht den wohl lautesten Besuchern des Friedhofs: einer Schar laut zwitschernder, grasgrüner Papageien, die hier wild leben.

Green-Wood Cemetery · Okt.–März 8–17, April–Sept. 7–19 Uhr · Haupteingang 500 25th Street Brooklyn, NY 11232 · www.green-wood.com · Subway D, N/R/W bis 25 Street

87 Nächste Station: Court Street, Brooklyn

472 Stationen gibt es im riesigen Netz der New Yorker U-Bahn, so viele wie in keinem anderen Nahverkehrssystem der Welt. Eine Haltestelle, die hier nicht mitgerechnet wird, aber unbedingt sehenswert ist: die stillgelegte Court Street Station in Downtown Brooklyn, die das New York Transit Museum beherbergt.

Einen besseren Ort könnte es nicht geben als diesen alten U-Bahnhof aus dem Jahr 1936. Was von oben, an der Kreuzung von Boerum Place und Schermerhorn Street, aussieht wie jeder andere Abgang zu einer U-Bahn-Station in New York, entpuppt sich unten als wahre Schatzkammer für den, wie es bei uns so schnöde heißt, ÖPNV. Hinter historischen Drehkreuzen warten an den Gleisen einsteigebereit 20 alte U-Bahnen aus verschiedenen Jahrzehnten – alle zeitgemäß mit historischen Werbeplakaten, manche mit alten Deckenventilatoren ausgestattet, die Sitze mal gepolstert, mal aus Vinyl, aber eigentlich immer unbequem. Manches ändert sich eben nie.

Die älteste Bahn stammt von 1907, der Gründungszeit der New Yorker Subway. An den Wänden dokumentieren Fotos das Mammutprojekt: Im Frühjahr 1900 begann man mit den Ausschachtungsarbeiten, fast 8000 Arbeiter waren am Bau beteiligt. Nur viereinhalb Jahre später, am 27. Oktober 1904, eröffnete das damals modernste Personentransportsystem der Welt mit einer 14,65 Kilometer langen Strecke, die von der prächtigen City Hall Station zur 145. Straße führte. Schon bald wurden auch die Außenbezirke angeschlossen, und New York entwickelte sich zur Pendlermetropole. Für anfangs nur fünf Cent konnte man schnell und bequem von einem Ende der Stadt zum anderen gelangen. Das Museum zeichnet auch die Entwicklung der Bezahlsysteme nach – von Münzen über die *tokens* zur modernen MetroCard. Und es wird deutlich: Wie wohl keine andere Entwicklung hat die U-Bahn das Wachstum der Stadt New York ermöglicht und geprägt. Übrigens: Im Grand Central Terminal gibt es einen kleinen Vorgeschmack auf das Museum (inklusive Andenkenladen), doch die (Zeit-)Reise nach Brooklyn lohnt sich.

New York Transit Museum · Di–Fr 10–16, Sa, So 11–17 Uhr
Boerum Place/Schermerhorn Street · Brooklyn, NY 11201 · Tel. 718/694 16 00
www.nytransitmuseum.org · Subway 2/3, 4/5 bis Borough Hall

Alte U-Bahn-Geschichte zum Hingucken und Einsteigen:
Das New York Transit Museum ist in einer stillgelegten Subway-Station untergebracht.

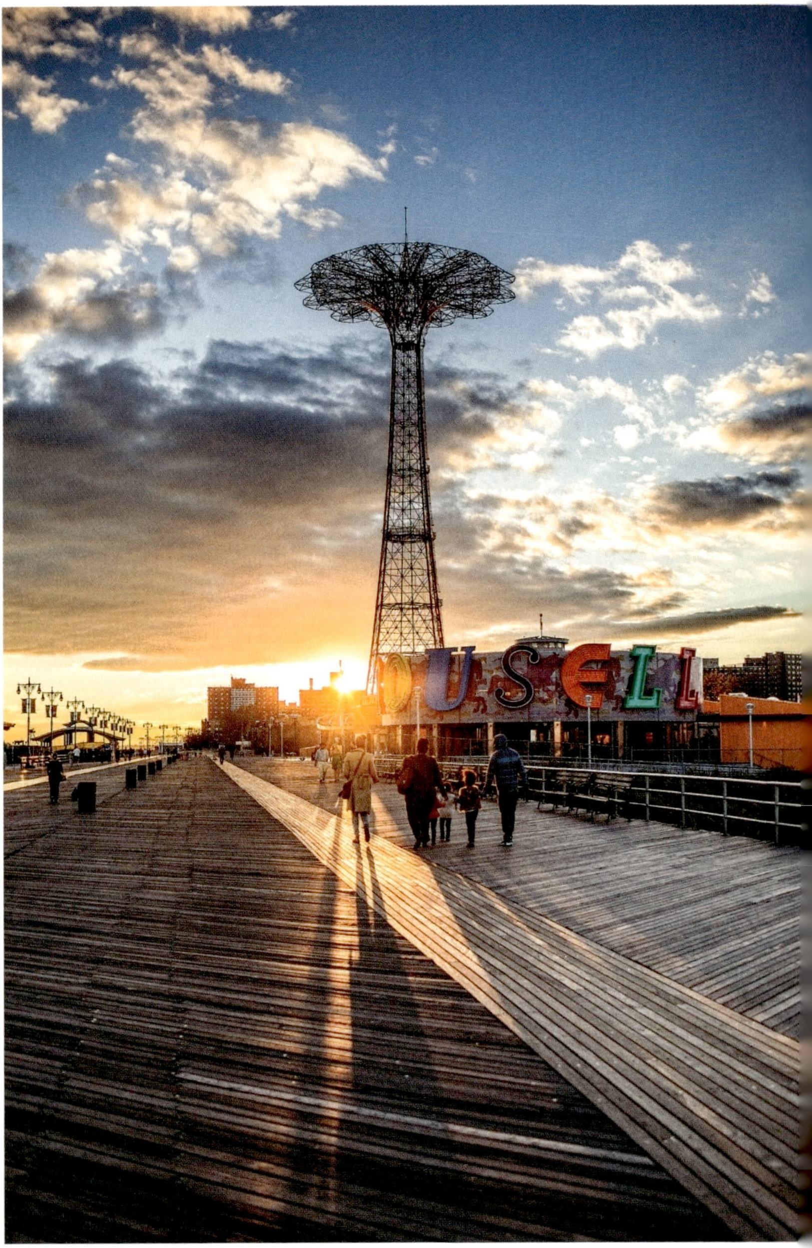

Seit 1922 führt der hölzerne Boardwalk zu den Attraktionen von Coney Island.

Kurzurlaub am Kaninchenstrand

88

Wohl kaum ein Stadtteil von New York hat eine so wechselvolle Geschichte hinter sich wie diese kleine Insel am südlichen Ende von Brooklyn: ab 1820 Sommerfrische für die Reichen, ab 1890 Vergnügungspark für Millionen, ab 1950 der Niedergang. Und heute? Fast schon wieder hip.

In den 1970er-Jahren waren nur noch die weithin sichtbaren Gerippe der alten Achterbahnen übrig. Es waren die Reste der Vergnügungsparks mit den klingenden Namen, die sich seit den 1890ern in Coney Island angesiedelt hatten: Luna Park, Dreamland, Steeplechase Park. In seinen besten Zeiten verzeichnete Coney Island an manchen Tagen eine Million Besucher, vor allem wegen der herrlichen Strände, allen voran dem nach dem vornehmen Brighton benannten Strandabschnitt. Die Besucher kamen mit der Eisenbahn, später mit der U-Bahn und ab 1930 auch mit dem Auto. Zu dieser Zeit war der Kanal, der Coney Island einst von Brooklyn trennte, aufgeschüttet und mit einer Schnellstraße bebaut worden, seither ist die Insel also keine Insel mehr. Die Autos und die Straßen brachten aber auch das langsame Aus für Vergnügungsparks und Strände, denn nun konnte man auch weiter hinaus fahren, nach Long Island. Coney Island verkam zusehends.

Zu einem Besuch in Coney Island gehörte schon immer ein Hotdog bei »Nathan's« oder »Paul's Daughter«, und seit Neuestem ein *local brew*: Coney Island Mermaid!

Dabei hatte erst 1922 der Bürgermeister von Brooklyn, Edward Riegelmann, eine kilometerlange Strandpromenade aus Holzplanken bauen lassen, den nach ihm benannten *boardwalk*. Noch heute ist das der wichtigste Hauptweg, um den phänomenalen Meerblick genießen zu können, bei einem der Imbissrestaurants zu rasten oder zu den neuen *amusements* abzubiegen. Dahinter stehen Reihen von Mietskasernen, die vor allem von russischen Einwanderern bewohnt sind, was Coney Island einen schlechten Ruf eingebracht hat – aber auch den besten Borschtsch der westlichen Hemisphäre. Und so wird nun in New York überlegt, wie man den »Kaninchenstrand« zum neuen Szeneviertel aufwerten kann.

Riegelmann Boardwalk · Brooklyn, NY · Subway D/F, N/Q bis Coney Island-Stillwell Avenue oder F/Q bis W 8 Street-NY Aquarium

89 Kuriositätenkabinett am Strand

Es war einmal eine ganz normale Familienunterhaltung: Auf dem Jahrmarkt wurden für ein paar Groschen Eintritt wunderliche Dinge gezeigt, in Formalin eingelegter Grusel, die stärkste Frau der Welt oder ein Schlangenmensch. Gibt es nicht mehr? Doch, gibt es – in New York, versteckt in Coney Island.

Im noch verblassten, abgestürzten, aber irgendwie auch langsam schon wieder hippen Charme von Coney Island konnten sich einige Dinge bewahren, die man in der politisch-korrekten Welt der Vereinigten Staaten schon ausgerottet wähnte. Darunter eine »Freak Show«, oder zumindest die Überbleibsel einer solchen, was man eben in einer Ecke des Vergnügungsviertels noch zeigen kann, ohne damit gegen allzu viele Gesetze zu verstoßen. Coney Island Circus Sideshow heißt das – und gehört zum dauerhaft dort installierten Zirkus. Der Verein Coney Island USA zur Bewahrung der Ehre der amerikanischen Populärkultur hat die Kuriositätenshow in das Programm der bewahrenswerten Einrichtungen des Vergnügungsviertels aufgenommen.

Durch einen Seiteneingang des Zirkusgeländes, wenige Schritte vom Boardwalk entfernt, geht es für ein paar Dollar hinein ins Vergnügen. Die angebliche Mumie einer Meerjungfrau aus Fiji, eine riesige Beutelratte – angepriesen als die größte der Welt und immerhin lebendig – und allerlei andere Kuriositäten sind unter den Zeltplanen zu besichtigen. Eine über und über tätowierte Schwertschluckerin wartet auf ein kleines Trinkgeld, schluckt dann wunschgemäß ein Schwert und erzählt den staunenden Besuchern vom Leben als Zirkusartistin. Weiter geht es zum Beispiel am Skelett eines Kaninchens mit zwei Köpfen vorbei – Zweifel an der Authentizität des Exponats sind angebracht –, und am Ausgang fragt die Ticketverkäuferin, ob sich die paar Dollar gelohnt haben: Aber ja! Zu einigen Terminen werden auch richtige Shows angeboten. Wie bei den anderen Ausstellungsobjekten und Darbietungen gilt auch hier: Der Gruselfaktor überwiegt die künstlerische Leistung. Aber gute Kunst gibt es in New York ja sonst an jeder Ecke, während Coney Island einfach einmalig ist.

Coney Island Circus Sideshow · 1208 Surf Ave./West 12th Street · Brooklyn, NY 11224
www.coneyisland.com · Subway D/F, N/Q bis Coney Island-Stillwell Ave.

Wer will noch mal, wer hat noch nicht? Kommen Sie rein und staunen Sie angesichts all der wundersamen Exponate der Coney Island Circus Sideshows.

Noch imposanter als sein Vorläufer in Manhattan: Brooklyns Prospect Park

90

Brooklyns grüne Lunge

Frederick Law Olmsted und Calvert Vaux sind für ihren Entwurf des Central Parks weltberühmt. Die Landschaftsarchitekten selbst aber sahen den Prospect Park als ihr Meisterwerk an. Noch heute finden viele, dass das grüne Herzstück von Brooklyn schöner ist als der berühmte große Bruder in Manhattan.

Vor 150 Jahren waren öffentliche Parks in amerikanischen Städten etwas radikal Neues. So groß war die Sehnsucht der Großstadtmenschen nach frischer Luft und Natur, dass der als Parkfriedhof angelegte Green-Wood Cemetery (siehe S. 165) von Erholungsuchenden regelrecht überrannt wurde und in der Folge die Einrichtung richtiger Parks inspirierte. Olmsted und Vaux hatten ihren bahnbrechenden Entwurf für den Central Park als Naturpark kaum abgeschlossen, als sie sich 1859 an das Gegenstück in Brooklyn machten. Es wäre wohl ungerecht zu sagen, dass der Central Park nur eine Fingerübung für die Landschaftsarchitekten war, doch in der Tat konnten sie viele ihrer Innovationen hier perfektionierten.

Vergleiche liegen auf der Hand: Was dem Central Park sein Great Lawn, ist im Prospect Park die riesige Long Meadow. Manhattans Park hat sein Reservoir, Brooklyn dagegen einen echten See, den großen Prospect Lake. Und das Gegenstück zu The Ramble ist hier das wilde Waldstück The Ravine, komplett mit Schlucht und Wasserfall. Natürlich gibt es auch im Prospect Park zahlreiche Spielplätze, Baseballfelder, ein historisches Karussell, einen Zoo und eine Open-Air-Bühne, auf der im Sommer Konzerte stattfinden. Dazu sich windende Pfade und plätschernde Bäche (alle künstlich angelegt), die zusammen einen herrlichen Landschaftspark formen. Die Ironie: Mit viel Aufwand und Kunstfertigkeit entstand ein völlig naturgetreues Gelände. Nur die Touristenmassen aus aller Welt, die den Central Park bevölkern, sucht man im Prospect Park vergebens. Hier findet jeder auch an sonnigen Wochenenden ein ruhiges Plätzchen.

Der Brooklyn Botanic Garden ist ein zauberhafter Park im Park. Nicht verpassen: die Gewächshäuser, den japanischen Garten und die Kirschblüte im Frühling.

Prospect Park · tägl. 5–1 Uhr · Haupteingang Grand Army Plaza
Brooklyn, NY 11225 · Subway 2/3, 4/5 bis Grand Army Plaza

91 Stippvisite in Klein-Indien

New York ist die multikulturellste Stadt der Welt und nicht umsonst Sitz der Vereinten Nationen. In Manhattan sind Viertel wie Chinatown oder Little Italy Attraktionen, haben aber auch etwas Kulissenhaftes. Authentischer geht es in den outer boroughs zu, etwa in Little India in Queens.

Jackson Heights, am nordwestlichen Ende von Queens gelegen, ist wie viele der etwas abgelegeneren Viertel fest in hispanischer Hand. Ganz Jackson Heights? Nein! Ein kleines Quartier, die 74. Straße nördlich der Roosevelt Avenue, gehört den Indern und Pakistani – und ist deshalb für alle New Yorker ein Geheimtipp, wenn es um Schmuck, prachtvolle Saris und vor allem um indisches Essen geht. Dabei sind es gar nicht so sehr die vielen kleinen Restaurants, die da im Fokus stehen müssen – obwohl man sich hier allerlei Leckereien für kleines Geld nicht entgehen lassen sollte. Die New Yorker aber kommen wegen der indischen Supermärkte hierher, und die lohnen sich auch für Touristen.

Bei der Wahl der U-Bahn hat man schon die Qual: Lieber *local* mit der Linie 7, auch als Multikulti-Bahn bekannt, oder Express mit dem E-Train? In Jackson Heights aussteigen, und dann geht es auf die andere Seite der Roosevelt Avenue, hinein in die 74. Straße. Den prächtigen Auslagen an Juwelen und Brautmoden – jedes Vorurteil über Bollywood wird hier bestätigt – widerstehen wir zunächst und biegen lieber in einen Supermarkt ab, beispielsweise zu dem der Patel Brothers. Eigentlich sieht der recht normal aus, selbst die Kassiererinnen tragen nicht alle einen Sari. Aber schon der angenehme Geruch verrät: Hier gibt es Unmengen an Gewürzen, frisch aus der Schütte oder auch abgepackt – die eignen sich auch gut als Mitbringsel. Außerdem in den USA unübliche Gemüsesorten, Reis im 50-Pfund-Sack und indisches Butterschmalz im Glas, das berühmte Ghee. Appetit geholt? Dann ab ins nächste Restaurant!

»Diamonds are a girl's best friend«! Wer nach dem Einkauf noch Geld übrig hat, wird hier in allen Preislagen fündig. Aber auch das Nur-Gucken macht Spaß.

Little India · 74th Street zwischen Roosevelt- und 37th Ave. sowie angrenzende Straßen
Subway E, F, M, R bis Roosevelt Avenue-Jackson Heights oder 7 bis 74 Street

Fast wie in Mumbai oder Chennai: In der 74. Straße reiht sich ein Juwelier an den nächsten, unterbrochen von indischen Supermärkten und Kleiderläden.

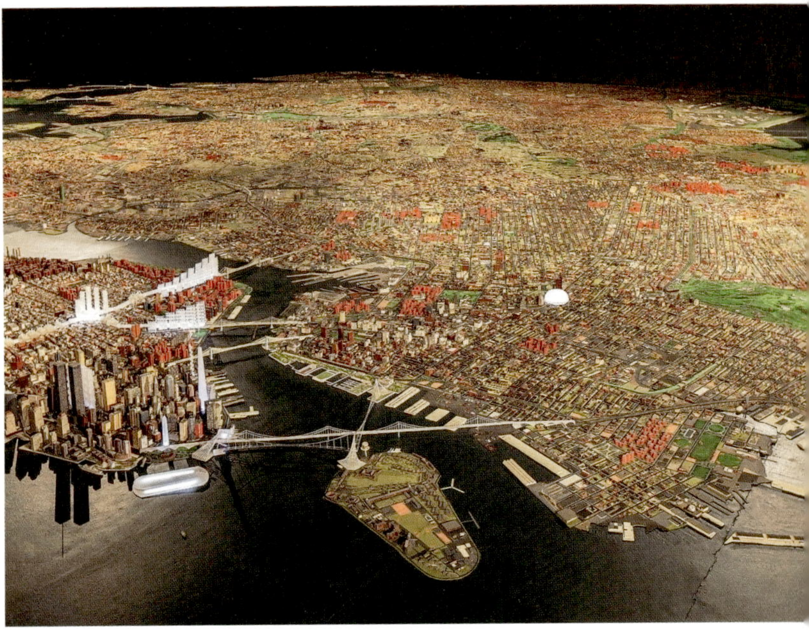

Ganz New York City auf einen Blick: Mit liebevoller Hingabe und Akribie werden die Modellhäuser von 1964 immer noch ergänzt und ausgetauscht.

92

New York aus der Vogelperspektive

Die richtige Sicht auf und über New York hat man eigentlich nur beim Anflug – je nachdem, wie der Wind steht. Alle fünf boroughs kann man nie sehen, und Orientierung in den Straßenschluchten ist schwierig. Wie gut, dass im Queens Museum ein Panorama der ganzen Stadt den Überblick gibt!

Für ein Miniaturmodell ist es ganz schön riesig – über 850 Quadratmeter belegt New York im Maßstab 1:1200 in der Dauerausstellung im Heimatmuseum des Stadtteils Queens am Flushing Meadows Park. Rund 100 Spezialisten für den Bau von Architekturmodellen hatten es für die Weltausstellung 1964 erstellt, und die Besucher konnten damals für zehn Cent die fast 900 000 Gebäude bestaunen, angepriesen als »Helikopterflug unterm Dach« und begeistert kommentiert von einem bekannten Radiomoderator. Tatsächlich wurden die Besucher damals in kleinen Plastikautos um und über das Modell gezogen.

Mit so kühnen Übertreibungen muss das »Panorama of the City of New York« heute nicht mehr locken. Auch wenn es noch nicht ganz vergessen ist, stellt es längst nicht mehr die große Attraktion dar, die es vor über einem halben Jahrhundert für die 50 Millionen Besucher der Weltausstellung war. Aber weiterhin werden viele neue Gebäude – bis 1992 sogar in den originalen Werkstoffen Resopal und PU-Schaum, seither computergeneriert – hinzugefügt oder ausgetauscht, oft genug gestiftet von den Bauherren der neuen Wolkenkratzer. 1992 wurde das Modell überarbeitet, und statt per »Helikopter« gehen die Besucher nun zu Fuß um das Modell herum und auf Laufstegen darüber hinweg. Das lässt natürlich auch ein längeres Verweilen zu – manche verbringen Stunden damit, einzelne Gebäude zu suchen und sich darüber zu freuen, ihre eigene Immobilie zu finden; denn seit 2009 kann man für gerade einmal 100 Dollar ein Haus »kaufen«, sprich die Patenschaft übernehmen. Vielleicht ein Geschenk für die Lieben daheim?

Hinter dem Queens Museum liegt das Gelände der Weltausstellung von 1964 – der gigantische Stahlglobus »Unisphere« ist ein herrlicher Ort für eine Pause!

»Panorama of the City of New York« · Mi–So 11–17 Uhr · Queens Museum
Flushing Meadows · Corona Park · Queens, NY 11368 · Tel. 718/592 97 00
www.queensmuseum.org · Subway 7 bis 111 Street

93 MoMAs kleiner Bruder

Long Island City in Queens – nicht zu verwechseln mit dem mondänen Long Island – ist nur eine U-Bahn-Station von Manhattan entfernt, und doch verirrten sich bis vor nicht allzu langer Zeit nur selten Touristen hierher. Dann kam das MoMA PS1, und »LIC« mauserte sich zur Kunst-Destination.

Längst ist die Gentrifizierungswelle über den East River nach Queens geschwappt. Ein leicht maroder, ungeschliffener Charme haftet diesem Industrieviertel noch an, doch man merkt gleich: Hier ist vieles im Fluss. Da gibt es immer noch öde Straßenzüge, alte Fabrik- und Lagerhallen, aber nur ein paar Blocks weiter den neu gestalteten Gantry Plaza State Park mit seinen alten Brückenkränen am East River und schicken neuen Apartmenthäusern dahinter, wo man sich den Blick nach Manhattan sicher teuer bezahlen lässt. Auch neue Restaurants und Bars sind gefolgt. Und wie so oft war es die Kunstszene, die den Weg bereitete.

Schon in den 1970er-Jahren eröffnete in einem leer stehenden alten Schulhaus das P.S. 1 Contemporary Art Center als innovative Experimentierwerkstätte für zeitgenössische Kunst. Pünktlich zur Jahrtausendwende kündigte man eine Zusammenarbeit mit dem renommierten Museum of Modern Art, kurz MoMA, an – *die* Institution für moderne Kunst in New York. Das MoMA PS1 war geboren, und Kunstinteressierte pilgerten schon bald in Scharen nach Long Island City. Die Tatsache, dass die beiden Schwestermuseen nur zwei Subway-Stops auf der Linie 7 voneinander getrennt sind, ließ die gefühlte Entfernung zwischen Manhattan und Queens schrumpfen. Noch immer wird experimentelle Kunst hier ganz großgeschrieben. Zu Ausstellungen zeitgenössischer Kunst, aufsehenerregenden Installationen, Performance Art und anderen Events kommt im Sommer das hippe »Warm Up«-Musikfestival im Innenhof. Einen Besuch lohnt auch das Museumscafé »M. Wells Dinette« im Look eines alten Klassenzimmers.

Nach der Kultur kommt die Entspannung. Also runter zum Gantry Plaza State Park mit dem riesigen Pepsi-Cola-Zeichen von 1936 – und dem phänomenalen Blick.

MoMA PS1 · Do–Mo 12–18 Uhr · 22–25 Jackson Ave. · Long Island City, NY 11101 Queens · Tel. 718/784 20 84 · www.momaps1.org · Subway 7 bis Court Square

Spektakuläre Kunstinstallationen, Events und Partys rund um das MoMA PS1 locken viele Besucher nach Long Island City.

In der alten Industriehalle kommen Noguchis Skulpturen perfekt zur Geltung.
In diesem Park darf Kunst auch mal überdimensioniert – und ungewöhnlich – sein.

94

Alles ist Skulptur

»Alles ist Skulptur,« meinte Isamu Noguchi (1904–1988), ein Amerikaner mit japanischen Wurzeln. »Die Kunst sollte eins werden mit ihrer Umgebung.« Noguchi besaß die Gabe, in allem Kunst zu sehen. So offenbar auch in einer Lagerhalle im industriellen Long Island City. Er setzte diese Vision um, und es entstand ein Museum für seine Skulpturen. Es wurde in seiner Schlichtheit und der Verbindung zwischen drinnen und draußen selbst eines seiner genialsten Werke. Noguchis Kunst prägt sowohl die minimalistischen Galerieräume als auch den im japanischen Stil gestalteten Skulpturengarten, der ein wunderbarer Ort der Ruhe und Kontemplation ist.

The Noguchi Museum · Mi–Fr 10–17, Sa, So 11–18 Uhr
9-01 33rd Road (Vernon Blv.) · Long Island City, NY 11106 · Queens
Tel. 718/204 70 88 · www.noguchi.org · Subway N/W bis Broadway

95

Open-Air-Museum für XXL-Kunst

Noch in den 1980er-Jahren war hier, am Zusammenfluss von Harlem und East River, ein Niemandsland, eine illegale Müllkippe. Dann krempelten Anwohner und Künstler die Ärmel hoch und schufen den Socrates Sculpture Park, eine Mischung aus Freiluft-Künstlerstudio, Museum und Naherholungsgebiet. Inzwischen hat der Kunstpark ein großes Renommee. Auf den knapp zwei Hektar ist Platz genug für immer wieder neue, riesige Skulpturen und Installationen, die vor Ort geschaffen werden. Dazu gibt es ein kostenloses Veranstaltungsprogramm: Konzerte, Yoga, Capoeira und Open-Air-Kino im Sommer. Und natürlich die grandiose Aussicht auf den Fluss und Manhattan!

Socrates Sculpture Park · 9 Uhr bis Sonnenuntergang · 32-01 Vernon Blv.
Long Island City, NY 11106 · Queens · www.socratessculpturepark.org
Subway N/W bis Broadway · NYC Ferry bis Astoria

Auch so kann die Bronx aussehen: grün, blühend und verträumt.
Wave Hill zeigt ein ganz anderes Gesicht eines Stadtteils, den Besucher meistens meiden.

96

Botanik in der Bronx

Lange Zeit machten Touristen einen großen Bogen um die Bronx. Zu schlecht war der Ruf. Und überhaupt: Was gibt es denn da außer dem Zoo schon groß zu sehen? Da wäre zum Beispiel das von herrlichen Gärten umgebene Landhaus Wave Hill, wo schon Mark Twain seine Sommerfrische verbrachte.

Wer die U-Bahn-Linie 1 bis zum Ende fährt, landet in einer anderen Welt. Hoch oben im Norden der Bronx, in einem Viertel mit dem schönen Namen Riverdale, riecht es auf einmal nach Jasmin und Geißblatt, die Vögel zwitschern in den Bäumen, deren Zweige ein dichtes Blätterdach über vielen Straßen bilden. Statt liebloser Sozialwohnungsblocks, die man leider oft mit dem Bild von der Bronx verbindet, thronen hier prächtige Anwesen auf den sanften grünen Hügeln über dem Hudson River. Man sieht gleich, warum im 19. Jahrhundert viele reiche New Yorker zur Sommerfrische nach Riverdale kamen und sich große Landsitze im Tudorstil bauten.

Besonders sehenswert ist das Wave Hill House, ein von einer herrlichen Gartenanlage umgebenes Landgut. Diese Oase wurde in den 1840er-Jahren von William Lewis Morris in Auftrag gegeben, dem Großneffen von Lewis Morris, einem der Unterzeichner der Unabhängigkeitserklärung. Als der Publizist William Henry Appleton das Anwesen in den 1860er-Jahren erwarb, vermietete er es als Sommersitz an so illustre Gäste wie den späteren Präsidenten Theodore Roosevelt, den Schriftsteller Mark Twain und den italienischen Dirigenten Arturo Toscanini. Zu Beginn des 20. Jahrhunderts gelangte Wave Hill in den Besitz der Familie Perkins, die weitläufige Gärten, Gewächshäuser und Terrassen anlegen ließ. Seit den 1960er-Jahren gehört Wave Hill der Stadt New York und hat sich zu einem beeindruckenden Kulturzentrum mit großem botanischem Garten entwickelt. Natur und Gartengestaltung gehen hier Hand in Hand mit Musik und Kunst. Und noch heute genießt man vom Garten den wunderbaren Blick über den Hudson River und die Palisades auf der gegenüberliegenden Uferseite – am besten von der Pergola Overlook zum Sonnenuntergang.

Wave Hill · Di–So 9–16:30 Uhr · 649 West 249th Street · Bronx, NY 10471 · Tel. 718/549 32 00
www.wavehill.org · Subway 1 bis West 242 Street, dann Fußweg oder stündl. Shuttlebus

97

Wo der Meister des Makabren lebte

Kaum vorstellbar, dass man einmal wegen ländlicher Idylle und guter Luft in die Bronx zog. 1846, bevor die Bronx die Bronx war, mietete der Autor Edgar Allan Poe hier ein kleines weißes Holzhaus im damals ländlichen Ort Fordham. Sein bescheidenes Heim steht heute noch.

Wie aus Raum und Zeit gefallen wirkt das kleine weiße Haus am Nordende des Poe-Parks. Auf beiden Seiten, auf dem Grand Concourse und der East Kingsbridge Road, braust mehrspurig der Verkehr vorbei. Der Park bildet eine kleine Insel in diesem Asphaltdschungel, auf dem das 200 Jahre alte Häuschen Zuflucht gesucht hat. Hier suchte auch einst Edgar Allan Poe Zuflucht, und hier verbrachte er die letzten Jahre seines kurzen und tragischen Lebens. Heute gilt der 1809 in Boston geborene Autor als Meister des Makabren und Schaurigen, als Urvater der Kriminal- und Horrorgeschichten, als einer der einflussreichsten amerikanischen Schriftsteller des 19. Jahrhunderts. Doch zu Lebzeiten war ihm dieser Erfolg nicht vergönnt.

1846 zog Poe mit seiner jungen Frau Virginia in dieses Häuschen, in der Hoffnung, in der ländlichen Umgebung Linderung für ihr Tuberkuloseleiden zu finden. Selbst für die damalige Zeit war Poe Cottage ein sehr einfaches Haus, 1812 war es als Behausung für Arbeiter errichtet worden. Es gab weder Heizung noch Bad, aber eine Veranda und gegenüber einen Obstgarten mit Apfelbäumen. Die Familie liebte die ländliche Umgebung, und Poe schrieb einige seiner berühmtesten Gedichte hier. Doch Virginia starb im Jahr darauf im Alter von nur 25 Jahren – ihr Bett steht heute noch im niedrigen Obergeschoss. Das ärmliche Haus und die spärliche Möblierung lassen erahnen, wie hart das Leben gewesen sein muss; der Schaukelstuhl im Wohnzimmer war der vielleicht einzige Luxus des Autors. Während der Besucher heute mit der Subway aus Manhattan bis vor die Haustür fährt, musste Edgar Allan Poe selbst laufen. Er verstarb keine drei Jahre nach seiner Frau, gerade einmal 40 Jahre alt – doch seine Geschichten und das weiße Haus in der Bronx leben weiter.

Edgar Allan Poe Cottage · Do, Fr 10–15, Sa 10–16, So 13–17 Uhr
2640 Grand Concourse · Bronx, NY 10458 · Tel. 718/881 89 00
www.bronxhistoricalsociety.org/poe-cottage · Subway B/D bis Kingsbridge Road

Von der Vorstadt-Idylle ist nicht mehr viel zu sehen – und so gruselig wie in seinen Geschichten sah es im und um das Cottage von Edgar Allan Poe nie aus.

Die ehemalige Betonfabrik hat einem ungewöhnlichen Park Platz gemacht.

Postindustrielle Parkanlage

98

Wer sagt eigentlich, dass Pflanzen aus Grünzeug, Parks aus einer Menge Grünzeug und Erholung aus Herumlaufen in diesem Grünzeug bestehen muss? In Manhattan und Brooklyn sagt das jeder – aber die Bronx war immer schon anders als die anderen Viertel von New York. Sie findet ihre konkrete Antwort in: Beton.

Lange galt, dass Parks den Charakter der freien Natur haben sollten. Die idealisierte Landschaft war das Ziel, und dass der Mensch Hand angelegt hatte beim scheinbar so zufälligen Zusammenspiel von Grünflächen, Bäumen und Wasserläufen, sollte nur ja nicht sichtbar werden. Dieses Prinzip prägt die großen New Yorker Parks, die im späten 19. Jahrhundert sorgsam entworfen und mühevoll angelegt wurden. Mittlerweile herrscht ein etwas anderer Geist, und so sehr man Central- und Prospect Park, also Landschaftsparks im klassischen englischen Stil, auch liebt: Heute darf ein Park auch mal einen ganz anderen Charakter haben. Da wird industrielle Vergangenheit nicht mehr geleugnet, sondern mit einbezogen. Bestes Beispiel dafür ist die unglaubliche Erfolgsgeschichte der High Line (siehe S. 73).

Aber auch die Bronx kann einen so modernen Park vorweisen. Der Concrete Plant Park ist ein grünes Naherholungsgebiet, das gleichzeitig spannende Bezüge zur Industriegeschichte herstellt. Es liegt direkt am Ufer des Bronx River und ist Teil des Bronx River Greenway, eines Projekts zur Erneuerung dieses gebeutelten Flusses, dessen Ufer vor nicht langer Zeit noch müllübersät waren. Auf dem Gelände einer ehemaligen Betonmischfabrik, die hier zwischen den 1940er- und 80er-Jahren operierte, eröffnete 2009 dieser einzigartige Park. Zwischen Grünflächen und einer sich windenden Uferpromenade mit teils überdachten Bänken und Schachtischen ragen die rostroten Betonsilos und -trichter wie mächtige Skulpturen auf. Hier kehrt man seine industrielle Vergangenheit nicht unter den Teppich, sondern präsentiert sie stolz. Auch der renaturierte Fluss, einst einer der schmutzigsten im ganzen Land und über Jahrzehnte als Abwasserkanal missbraucht, hat sich erholt und kann auf Kanutouren erkundet werden. Eine Bootsrampe im Park macht's möglich.

Concrete Plant Park · Bronx River zwischen Westchester Avenue und Bruckner Boulevard
Bronx, NY 10472 · Subway 6 bis Whitlock Avenue

99

Jenseits des Hudson

Viel hat sich geändert, seit Elia Kazan 1954 an Originalschauplätzen im Hafen von Hoboken »On the Waterfront« (in der deutschen Version: »Die Faust im Nacken«) mit Marlon Brando in der Hauptrolle drehte. Nur den traumhaften Blick über den Hudson hinüber nach New York, den gibt es immer noch.

Auch wenn Hoboken nicht zu den fünf *boroughs* von New York gehört, sondern bereits zum Nachbarstaat New Jersey, lohnt sich ein Ausflug über den Hudson doch allemal. Und mit dem PATH-Zug ist es auch denkbar schnell und einfach, hierherzukommen. Vom World-Trade-Center-Bahnhof, der den PATH mit der Subway verbindet, ist man in wenigen Minuten unter dem Hudson River hindurchgetaucht – ein Tunnel unter dem Fluss wurde bereits 1908 errichtet, damals eine technische Meisterleistung – und kommt in Hobokens historischem Lackawanna-Bahnhof mit seinem weithin sichtbaren Turm an. Gleich hinter dem Bahnhof beginnt auch schon die ansprechend gestaltete Uferpromenade, die am Pier C auf geschwungenen Stegen über dem Wasser verläuft und bei jedem Schritt ein atemberaubendes Panorama von Manhattan bietet. Besonders schön ist es hier abends, wenn die untergehende Sonne die New Yorker Skyline in goldenes Licht taucht und wenig später ein Lichtermeer über dem Hudson erstrahlt. Man kann sich vorstellen, wie einst schon der junge Frank Sinatra, der 1915 in Hoboken geboren wurde und hier aufwuchs, sehnsüchtig auf die leuchtende große Stadt hinübergeblickt hat. Im Hoboken Historical Museum gibt es übrigens eine Karte für einen Rundweg durch Hoboken auf den Spuren von »The Voice«.

Nicht verpassen sollte man auf jeden Fall die charmante Washington Street, die von vielen Restaurants und kleinen Geschäften gesäumte Hauptstraße. Hier wird für jeden Geschmack etwas geboten, ob kubanisch bei »La Isla« (Nr. 104), orientalisch bei »Mamoun's« (Nr. 502) oder riesige Steaks und Burger bei »Arthur's« (Nr. 237). Unter der Woche geht es in Hoboken noch recht gemütlich zu, aber am Wochenende wird die Washington Street zur belebten Partymeile.

Hudson River Waterfront & Hoboken Historical Museum · 1301 Hudson Street
Hoboken, NJ 07030 · www.hobokenmuseum.org · PATH: Hoboken

Den vielleicht schönsten Blick auf Manhattan hat man von Hoboken in New Jersey.
Die Aussicht von der Hudson River Waterfront hinüber nach Manhattan ist spätnachmittags ein Traum.

Register

Essen und Trinken

Einkaufen

Freizeit und Familie

Natur

Kunst und Kultur

Entspannung

Überraschendes

Verantwortlich: Alina Gillen
Lektorat: Dr. Juliane Braun
Layout: Elke Mader
Repro: LUDWIG:media
Korrektorat: Sonja Woyzechowski
Umschlaggestaltung: Frank Duffek
Kartografie: Huber Kartographie, Heike Block
Herstellung: Alexander Knoll
Printed in Italy by Printer Trento

★★★★★

Sind Sie mit diesem Titel zufrieden? Dann würden wir uns über Ihre Weiterempfehlung freuen.
Erzählen Sie es im Freundeskreis, berichten Sie Ihrem Buchhändler, oder bewerten Sie bei Onlinekauf.
Und wenn Sie Kritik, Korrekturen oder Aktualisierungen haben, freuen wir uns über Ihre Nachricht an Bruckmann Verlag, Postfach 40 02 09, D-80702 München oder per E-Mail an lektorat@verlagshaus.de.

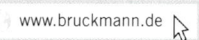

Unser komplettes Programm finden Sie unter www.bruckmann.de

Alle Angaben dieses Werkes wurden vom Autor sorgfältig recherchiert und auf den aktuellen Stand gebracht sowie vom Verlag geprüft. Für die Richtigkeit der Angaben kann jedoch keine Haftung übernommen werden.

Bildnachweis: Alle Bilder des Innenteils stammen von MATO, außer: Claudia Hellmann: S. 13u., 32u., 38o., 95u., 151; Keiko Niwa © Tenement Museum Confino Parlor: S. 37

Umschlagvorderseite: Skyline von New York © Antonio Bartuccio/Schapowalow; Der perfekte Cocktail in New York – Der Manhattan (Wollertz/Shutterstock)

Die Deutsche Nationalbibliothek verzeichnet diese Publikation in der Deutschen Nationalbibliografie; detaillierte bibliografische Daten sind im Internet über http://dnb.d-nb.de abrufbar.

ISBN 978-3-7343-0785-0